MINIMALISMO

Como Ordenar Y Aprender De Una Vida Simple Para Valorarte a Ti Mismo

(Mejor, Ordenado Y Organiza Tu Vida)

Ari Valle

Publicado Por Daniel Heath

© **Ari Valle**

Todos los derechos reservados

Minimalismo: Como Ordenar Y Aprender De Una Vida Simple Para Valorarte a Ti Mismo (Mejor, Ordenado Y Organiza Tu Vida)

ISBN 978-1-989808-55-9

Este documento está orientado a proporcionar información exacta y confiable con respecto al tema y asunto que trata. La publicación se vende con la idea de que el editor no esté obligado a prestar contabilidad, permitida oficialmente, u otros servicios cualificados. Si se necesita asesoramiento, legal o profesional, debería solicitar a una persona con experiencia en la profesión.

Desde una Declaración de Principios aceptada y aprobada tanto por un comité de la American Bar Association (el Colegio de Abogados de Estados Unidos) como por un comité de editores y asociaciones.

No se permite la reproducción, duplicado o transmisión de cualquier parte de este documento en cualquier medio electrónico o formato impreso. Se prohíbe de forma estricta la grabación de esta publicación así como tampoco se permite cualquier almacenamiento de este documento sin permiso escrito del editor. Todos los derechos reservados.

Se establece que la información que contiene este documento es veraz y coherente, ya que cualquier responsabilidad, en términos de falta de atención o de otro tipo, por el uso o abuso de cualquier política, proceso o dirección contenida en este documento será responsabilidad exclusiva y absoluta del lector receptor. Bajo ninguna circunstancia se hará responsable o culpable de forma legal al editor por cualquier reparación, daños o pérdida monetaria debido a la información aquí contenida, ya sea de forma directa o indirectamente.

Los respectivos autores son propietarios de todos los derechos de autor que no están en posesión del editor.

La información aquí contenida se ofrece únicamente con fines informativos y, como tal, es universal. La presentación de la información se realiza sin contrato ni ningún tipo de garantía.

Las marcas registradas utilizadas son sin ningún tipo de consentimiento y la publicación de la marca registrada es sin el permiso o respaldo del propietario de esta. Todas las marcas registradas y demás marcas incluidas en este libro son solo para fines de aclaración y son propiedad de los mismos propietarios, no están afiliadas a este documento.

TABLA DE CONTENIDO

Parte 1 1

Introducción 2

Capítulo 1: La Filosofía Minimalista. 6

Capítulo 2: Ser Minimalista En Una Sociedad Posesiva. 16

Capítulo 3: Cómo El Minimalismo Puede Cambiar Tu Vida Para Mejorar. 25

Capítulo 4: Cómo Liberar Del Desorden Tu Hogar. 33

Capítulo 5: Ser Minimalista No Tiene Que Costarte Más Dinero. 42

Capítulo 6: Cómo Un Estilo De Vida Minimalista Reduce El Estrés. 49

Capítulo Siete: Consejos Y Estrategias Minimalistas. 60

Conclusión 70

Parte 2 75

Introducción 76

Capítulo 1 79

Aprendamos Un Poco De Minimalismo 79

Capítulo 2 85

Por Qué Deberías Vivir En Minimalismo 85

Capítulo 3 89

¿Cómo Puedes Adoptar El Minimalismo? 89

Capítulo 4 107

La Dieta Minimalista 107

Conclusión 116

Parte 1

Introducción

Gracias por tomarse el tiempo para descargar este libro: La vida minimalista. Este libro cubre el tema de la vida minimalista y teenseñará cómo simplificar tu vida y liberar del desorden tu hogar y así poder disfrutar de una vida sin estrés. No sólo eso, sino que teenseñará cómo puede implementar las características de estilo de vida minimalistas incluso cuando salga de tu hogar a un mundo que identifica la riqueza por lo que posee y de lo que es dueño en lugar de lo que aprende, cómo actúa y siente.

La vida minimalista es simplemente la práctica de simplificar el estilo de vida personal. Ya sea que trate de deshacerse de distracciones innecesarias, amigos u objetos dentro de tu hogar, esta idea se infiltraen nuestra cultura cuando se trata de asociar la relajación y el estrés con nuestra vida diaria.

Piénsalo: Cuando llegas a casa después de un largo día de trabajo, probablemente tiras tus cosas en tu recorrido, te quitas los zapatos, te sientas en tu sofá o silla favorita y simplemente te quedas mirando. Tal vez cierras los ojos y respiras profundamente, o tal vez incluso hablas solo mientras repasas tu estresante día. El punto es que las luces no están encendidas, no hay televisión a todo volumen, y no se han movido objetos cerca de ti para impedir tupropio espacio personal. Se *trata* de una forma de minimalismo, aunque temporal.

Algunas personas ven el minimalismo como un aumento de la autosuficiencia. La disminución de tu independencia en las ideas generadas por el ser humano, como la electricidad, las tiendas de comestibles e incluso la plomería, y para muchos la reducción en las comunicaciones con el constante ajetreo y ataque a los humanos y los sonidos es muy relajante y puede traer una forma de vida pacífica y libre de estrés. Pero, para algunas personas este tipo de estilo de vida es estresante incluso para pensar.

Sin embargo, no importa cómo elija ejercer tu estilo de vida minimalista, hay dos componentes principales que se aplican en todas estas implementaciones de esta forma de vida: la idea de estar satisfecho con lo que uno tiene en lugar de insistir en lo que uno quiere, y la idea de buscar posesiones internas en lugar de posesiones externas. Estos dos ideales son los que establecen algunas de las cosas que comenzaremos a aprender en este libro, desde cómo liberarte del desorden de tu hogar y convertirlo en un ambiente libre de estrés para llegar a casa hasta cómo ser un minimalista de bajo un presupuesto determinado.

Mucha gente está bajo la incorrecta suposición de que ser minimalista de alguna manera requiere más dinero. La gente ha tomado este estilo de vida que se supone que es para ignorar las posesiones materiales y poner dentro de él observaciones estereotipadas y, lo adivinaste, posesiones para "probar" que eres minimalista. Este libro no sólo te demostrará que ser minimalista no requiere mucho dinero, sino que te mostrará cómo ser minimalista está estrechamente ligado con tu vida económica.

Al concluir la lectura de este libro, no sólo tendrás una buena comprensión de por qué el minimalismo es una mejor forma de vida, sino que también entenderás cómo valorar lo que aprendes, lo que sientes y lo que tienes para ofrecer más que las cosas materiales con las que te rodeas.

Bienvenido al mundo de la vida minimalista. Que la paz que encuentres y las cosas que tires no sólo beneficien a tu alma, sino también a otro ser viviente.

Capítulo 1: La filosofía minimalista.

Existen varias tradiciones espirituales y religiosas que fomentan una forma de vida más sencilla. Buddha Gautama, los nazarenos bíblicos (el más notablemente, Juan el Bautista), y las tradiciones Sramana de la Edad de Hierro en la India, son sólo algunos ejemplos de muchos que creen en la filosofía minimalista. Incluso la figura bíblica de Jesús se dice muchas veces en la Biblia que él mismo ha vivido una vida sencilla. Anima a tus discípulos en las páginas del texto "a no llevar nada para el viaje más que un bastón -ni pan, ni bolsa, ni dinero en los cinturones- que sandalias y no ponerse dos túnicas". Esta idea minimalista no es simplemente una filosofía de "viajar ligero", como un vendedor ocupado que viaja de estado a estado, sino que comprendetodo un estado de ser que valora el viaje por las posesiones tomadas o compradas durante dicho viaje.

Muchas personas notables en la historia han afirmado la idea de que la inspiración espiritual les ha llevado a adoptar un estilo de vida y una forma de vida más simples: León Tolstoi, Mahatma Gandhi y Benedicto de Nursia son sólo algunos de los ejemplos que han estado presente a lo largo de la historia y que se impulsan con esta forma de vida y la iluminación y la realización que de ella se deriva.

Este tipo de tradición viviente minimalista se remonta al Oriente, cuando resonaba fructíferamente con líderes como Zaratustra y Confucio. Era un principio fundamental que se enseñaba en las culturas judeo-cristiana y greco-romana, e incluso una figura importante dentro de la antigua práctica filosófica Griega del Cinismo, Diógenes de Sinope, afirma dentro de sus enseñanzas que era absolutamente necesaria para alcanzar la virtud, el llevar una vida sencilla.

Incluso hoy en día, hay muchas sectas religiosas de individuos que practican una forma de vida que está intencionalmente desprovista de tecnología y riqueza, y la excluyen por razones filosóficas y religiosas importantes. Algunos de los grupos más populares son los Amish, los menonitas y algunos cuáqueros. La secta cuáquera delo sistema de creencia cristiana incluso tiene algo llamado *Testimonio de Simplicidad,* que es simplemente la creencia de que alguien debe vivir su vida de una manera sencilla, desprovisto de todas las cosas que se consideran posesiones innecesarias, y buscar la realización en sus vidas desde dentro y entre su relación con Dios.

Pero, todavía hay varios individuos fuera de las sectas religiosas y filosóficas que consideran que un estilo de vida minimalista y simplista es el camino a seguir. En varios de sus escritos, Jean-Jacques Rousseau alabó y adornó los caminos de la vida sencilla. Más notablemente, su *Discurso sobre la Desigualdad* y su *Discurso sobre las Artes y las Ciencias* se basan en este mismo principio.

Una creencia secular llamada epicureísmo se basa en las enseñanzas inherentes del filósofo Epicuro. Su principio principal defendía una vida sin problemas y sin estrés y la consideraba como el modelo de felicidad, y enseñaba que podía ser posible por medio de decisiones que eran cuidadosamente consideradas por un individuo que vivía su vida en el día a día. Específicamente, sin embargo, Epicuro señaló en sus enseñanzas basadas en Atenas que los problemas eran provocados y constantemente tropezados por albergar ideas y mantener un estilo de vida extravagante. Él enseñó que la extravagancia usualmente supera el placer que se deriva de participar en ella, y esto es lo que finalmente lleva a la infelicidad dentro de un estilo de vida extravagante.

Por lo tanto, él teorizó que lo que es absolutamente necesario para la felicidad y el confort corporal, así como para vivir una vida básica, debe ser trabajado para ser mantenido a un costo mínimo, y cualquier cosa extravagante que requiera un presupuesto monetario, debe de ser eliminado completamente evitado si no puede ser atenuado por la moderación.

Otro influyente importante en el estilo de vida minimalista es Henry David Thoreau. Este naturalista y autor estadounidense es conocido sobre todo por su libro *Walden*. Este libro es la manifestación física de un experimento que Thoreau llevó a cabo durante dos años, donde vivió en las orillas de Walden Pond y luego escribió sus experiencias y las lecciones aprendidas de ellas. Hace muchas declaraciones a favor no sólo de un estilo de vida minimalista, sino de un estilo de vida autosuficiente, a lo largo de todo el texto, y es ampliamente considerado por muchos naturalistas como un gran punto de vista de la vida sustentable.

Pero la influencia de Thoreau no se detuvo ahí. En la Gran Bretaña de entonces, Henry Stephens Salt popularizó la idea de un estilo de vida más sano y sólido, arraigado en la realidad entre los que formaban su círculo. Pronto, otros defensores británicos se salieron del anonimato para adoptar este tipo de estilo de vida y las filosofías dictadas por él, y muchos de estos defensores incluyeron a William Morris, C.R. Ashbee, y John Cowper Powys.

Este estilo de vida se difundió en las familias durante siglos. Mientras que el estilo de vida era defendido incluso en los tiempos de Jesucristo, las familias religiosas y espirituales transmitieron estos ideales y formas de vida a través de sus familias, y a medida que la tendencia se agudizaba en lo que se consideraría más "tiempos modernos", Inglaterra comenzó a apoderarse de estos ideales y a transmitirlos también a través de las filas creadas por ellos. En las décadas de 1920 y 1930, una familia del sur de los Estados Unidos, los Agrarios Vanderbilt, fueron grandes defensores de una cultura y un estilo de vida que se centraba en los valores sustentables y tradicionales de la vida sencilla en las granjas, y rechazaron por completo el industrialismo progresista y urbano que empezaba a penetrar en todo el país durante este período de tiempo. Muchas personas en la historia, como Richard Gregg y Thorstein Veblen, advirtieron a la sociedad en contra de la idea del consumo conspicuo de cosas que alguien no necesariamente necesita, y advirtieron en gran medida sobre los tipos de rasgos de personalidad que podrían definirse y arraigarse dentro de una persona debido a este consumo materialista fastuoso e innecesario.

Entonces, gente como E. F. Schumacher salió de su carpintería y comenzó a movilizarse en contra de este tren del pensamiento. A medida que la Revolución Industrial progresaba a través de muchas naciones y sociedades, muchas personas se unieron en torno a un "modo de vida más tradicional" que buscaba volver a unas raíces más simples y autosuficientes, mientras que otros expresaron que un modo de vida que significara más grande era esencialmente mejor. Aquellos que se unieron contra la vida minimalista fueron considerados héroes porque se les vio luchando por el progreso, y aquellos que se unieron contra estos movimientos industriales progresistas fueron vistos como tradicionalistas que ya habían "conseguido lo suyo" y necesitaban sentarse y dejar que las nuevas generaciones diseñaran el mundo de la manera que consideraran más adecuada.

Eso suena un poco familiar, ¿no?

¿Qué es la filosofía minimalista? Es simplemente la elección consciente de vivir con menos. Con esa filosofía amplia vienen muchas interpretaciones diferentes. Algunos lo interpretan como un simple vaciado de su casa cada año y una donación a los menos afortunados, apodada "limpieza de primavera". Algunos interpretan esto como un estilo de vida que requieres vender tu casa y tus posesiones y vivir con un presupuesto bajo mientras viaja por el país, reduciendo su producción de basura, y viviendo la vida al máximo con menos, lo que se conoce como "vida en una casa móvil". Algunos interpretan esto como una forma de desvincularse completamente de los principios fundamentales del hombre y generados por el hombre de vivir y volverse completa y totalmente autosuficientes, desde el cultivo de tus propias plantas hasta la caza de tus propios animales e incluso la producción de su propia electricidad a través de paneles solares.

Este tipo de vida se ha llamado "vida fuera

del sistema".

Todas estas tendencias y estilos de vida nacen de una idea distinta, y esa es la idea de una vida minimalista. El minimalismo incluso tiene una tendencia en la decoración y producción de películas, donde los colores fuertes y el desorden en la pantalla y dentro del hogar son reemplazados por una escala monótona y sólo albergan las necesidades para comunicar el mensaje o servir un propósito básico.

Si bien se trata de un derivado del minimalismo, la idea de "hacer más con menos y estar satisfecho con ello" sigue existiendo dentro de esos procesos creativos y en forma de pensamiento fundacionales.

Sin embargo, vivir este tipo de estilo de vida en una sociedad que se enorgullece de las posesiones y la propiedad sobre el desarrollo del carácter y la calidad de vida es algo difícil de hacer. Dondequiera que mires, la gente está lustrando sus autos y comprando sus costosas bebidas de café azucaradas, mientras se cuelgan sus bolsos de diseño sobre los hombros y tratan de evitar charcos de agua para que no se ensucien los zapatos recién adquiridos.

Recuerde, un estilo de vida minimalista no juzga a aquellos que eligen vivir en exceso o comprar artículos extravagantes de vez en cuando. Un estilo de vida minimalista simplemente elige no complacerse en este tipo de prácticas debido a una elección personal hecha para reducir la cantidad de estrés en la vida del ser.

Entonces, ¿cómo evitar toda esta tentación? ¿Cómo puede vivir un estilo de vida minimalista sin tener que limitarse a una casa recién destruida que terecuerde que debes seguir por el buen camino? Es mucho más sencillo de lo que crees.

Capítulo 2: Ser minimalista en una sociedad posesiva.

Cuando bajas de tu auto cada mañana, ¿qué es lo primero que piensas? Algunos, podrían estar preguntándose si sus joyas están mal puestas o si su maquillaje está manchado, o podrían estar llegando tarde, por lo que está debatiendo sobre si ir o no a su cafetería local para tomar una taza de su café favorito. Tal vez te estés preguntando si tu corbata está desviada, o si el traje tequeda lo suficientemente bien y si el aspecto de la chaqueta tendrá alguna influencia en la adquisición de la promoción de tus sueños. Tú podrías estar buscando un fin de semana de compras con tus amigos y necesitando esa terapia de "compras" para relajarse de tu semana estresante.

Nadie se detiene a pensar que la hora extra de descanso que tú podrías haber tenido en lugar de perfeccionar tu maquillaje podría haber ayudado al agotamiento que tú sientes. Nadie se detiene a pensar en cómo esa terapia de compras, va a acabar con tu saldo en tu tarjeta de crédito, reduciendo tu presupuesto para el próximo mes, creando así más estrés para que tú te las arregles. Nadie se detiene a pensar que existe la posibilidad de que tu jefe pueda estar mirando tu desempeño laboral en lugar de la apariencia de tu chaqueta o corbata.

Ahora, no estoy diciendo que un estilo de vida minimalista significa descuidar tu apariencia, nunca ducharse para ahorrar en la cuenta del agua, y no preocuparse por cómo luces túante tu jefe. Lo que estoy diciendo, sin embargo, es que la influencia emocional que estos artículos tienen en tu vida es lo que está causando el estrés y el agotamiento que tú estás sintiendo para empezar.

En este mundo, simplemente hay demasiado. Hay demasiados zapatos y demasiadas joyerías, demasiados centros comerciales y demasiadas tiendas dentro de esos centros comerciales. Las tiendas de velas tienen diferentes olores en el área de su sala de exposición y las tiendas de muebles tienen demasiadas opciones para que una familia en desarrollo, elija amueblar tu hogar con ellas. Y, con este exceso de inventario, vienen demasiados vendedores tratando de convencerte de por qué debe comprar sus productos. Se aprovechan de tu apego emocional a las cosas, convenciéndote de lo que "necesitarías" algo debido a la creación de una falsa conexión emocional y luego alimentándote con una historia sobre cómo mejorarán de alguna manera la vida que están viviendo.

Luego, llegas a casa, te das cuenta de que podrías haber agotado tu cuenta bancaria, o haberte gastado el presupuesto para las vacaciones en la playa, o incluso haber gastado tu dinero para el pago de la factura del consumo de luz, y ahora estás en pánico, estresado y luchando por el dinero.

En este mundo, hay demasiado de todo, y de muchas maneras es más fácil vivir un estilo de vida de "cosas" que vivir un estilo de vida "nuestro".

Este mundo está ocupado. La gente trae trabajo a casa y se queda hasta la 1 de la mañana intentando adelantarse al juego para dar una buena impresión a su jefe y así poder avanzar en su posición en la vida, y entre el trabajo y los ascensos hay obligaciones familiares, amistades que quieres mantener si quieres tener una apariencia de vida social, y cuentas en los medios sociales que te llaman a estar presente si quieres mantenerte al día con las tendencias modernas y no quedarte atrás en el mundo de la cultura pop.

En una cultura de lo " instantáneo ", no es de extrañar que ir de compras y comprar artículos físicos sea la actividad número uno entre hombres y mujeres de 25 a 55 años.

La idea de entrar en una tienda y salir con algo en la mano es emocionante. En un mundo en el que hay que trabajar tanto durante un largo periodo de tiempo para conseguir un mínimo aumento o promoción, la idea de "instantáneo" es una buena ruptura con ese tipo de estilo de vida. Los restaurantes y los centros comerciales por igual prosperan en esta necesidad de que tu gratificación sea instantánea. Los medios sociales prosperan gracias a tu necesidad de información instantánea y acceso instantáneo y cargas instantáneas y actualizaciones instantáneas de tus celebridades favoritas.

Se han aprovechado de lo que quieres al "instante" porque han reconocido que tu vida está rodeada de un esfuerzo diario de duro trabajo, largas horas y perseverancia por algo que puede que ni siquiera sea alcanzable.

Entonces, esa historia pasa por nuestros teléfonos. Nuestras noticias de acceso instantáneo, las 24 horas del día, arrojan una historia sobre un hombre de negocios multimillonario que renunció a todo lo que tenía para vivir una vida frugal. ¡Y nos mata! ¿Por qué alguien dejaría miles de millones de dólares para vivir como tú? Lo consideramos casi como una bofetada, que de alguna manera vivir de la manera en que lo hace la gente "común" después de vivir un estilo de vida extravagante y rico escupe en la cara del sueño que tú tienes, que es trabajar mínimamente y no tener que preocuparse nunca más por el dinero.

Pero, muchos millonarios y multimillonarios lo han hecho. Jon Pedley, Percy Ross, Yu Panglin y Chuck Feeney son sólo un puñado de las docenas de millonarios hombres de negocios que llegaron a la cima, vivieron espléndidamente, bebieron y se abrieron camino en mansiones de millones de dólares en las playas, y luego se despertaron un día y decidieron dejarlo todo por un estilo de vida más simple.

Son representaciones vivas del hecho de que el dinero, los bienes y las cosas materialistas no son siempre el camino hacia la felicidad, la paz, la satisfacción y una buena vida.

Son las representaciones vivas de la antítesis de lo que Schumacher defendió durante la Revolución Industrial: Ser más grande no siempre es lo mejor.

Estos hombres actualmente aún predican que hicieron lo correcto. Te han dicho a muchas personas y publicaciones que han encontrado un equilibrio en sus vidas que no podían encontrar con la riqueza que tenían, y que no podían recordar un momento en que habían sido más felices.

Lo sé, lo sé, lo sé. Estás ahí sentado mirando la pantalla de tu teléfono mientras tu creciente deuda chilla en el fondo de tu mente, y estás ahí sentado pensando en qué condición psicológica podrían tener para justificar esta forma de pensar. Pero, no hay ninguna condición psicológica anormal presente, se lo aseguro.

Entonces, ¿Cómo mantener tu espíritu minimalista en una sociedad posesiva? El primer paso es acatar los seis ideales principales de un estilo de vida minimalista: menos, es más, eliminar lo que no es esencial, vivir en el momento, organizar el tiempo, encontrar el propósito y concentrarse en ti. Adoptando y practicando estos seis puntos fundamentales, te enseñarás a ti mismo cómo cambiar tu enfoque de la motivación externa a la motivación interna.

Todos los que nos rodean son motivadores

externos: trabajas duro para una promoción, te quedas despierto hasta altas horas de la noche trabajando para no ser despedido, haces dieta y ejercicio para perder peso y así poder celebrar con tu pedazo de pastel favorito. Todos los que nos rodean son personas que voluntariamente se quedan sin nada para que puedan cosechar los beneficios de una motivación externa. Esto afecta a muchas personas en el área de la motivación interna, donde la voluntad de hacer algo, así como la recompensa, vienen de dentro. Al desarrollar maneras de manejar mejor el tiempo, te vuelves menos propenso a los accidentes y a las reuniones aleatorias que lo envuelven en estrés porque ha liberado tiempo en tu día para trabajar en ello. Al concentrarte en ti mismo, eres capaz de cavar profundamente y encontrar lo que realmente quieres en lugar de enmascararlo con tentaciones sociales en un esfuerzo frugal por lograrlo ahora en lugar de trabajar para lograrlo más tarde.

Al enfocarse en la idea de eliminar lo que no es esencial, te probarás a ti mismo no sólo cuán satisfactorio puede ser el estilo de vida, sino que también te probarás a ti mismo cuán innecesarias son muchas de las cosas que realmente compraste. Esto puede arrojar más luz sobre la legitimidad de vivir simplemente que cualquier otra faceta de la filosofía.

El minimalismo puede cambiar tu vida en formas que ni siquiera entiendes.

Capítulo 3: Cómo el minimalismo puede cambiar tu vida para mejorar.

Un estilo de vida libre de estrés no es el único beneficio que proviene del minimalismo y de vivir un estilo de vida más simple, libre del estrangulamiento de las posesiones. Hay más para ser liberado del desorden en tu casa y no tener que tropezarte a las 3 de la mañana cuando estás tratando de orinar, aunque eso es una gran ventaja. Esta idea, que se inserta en oposición de los ideales consumistas occidentales, tiene muchos aspectos positivos que la gente no se da cuenta antes de lanzarse por su cuenta e intentar vivir el estilo de vida (lo cual, por cierto, es totalmente alentado).

Para empezar, menos cosas significa menos deuda, y menos deuda significa más libertad financiera. Pague esa tarjeta de crédito y luego córtela. No te estamos diciendo que abandones tus préstamos estudiantiles y vendas todas tus cosas, pero de lo que se está hablando es de analizar si realmente necesitas esa nueva y costosa chaqueta que ibas a pasar por tu tarjeta de crédito hace unos momentos. Sí, tu pago con tarjeta de crédito puede ser sólo $15.00 al mes, pero con intereses y cargos por tarjeta de crédito, esa chaqueta de $100.00 se convierte en una chaqueta de $150.00, y todo a expensas de no tener que pagar el dinero por adelantado.

Si sólo tuvieras la opción de pagar el dinero por adelantado, ¿lo habrías hecho? Si es así, ¿por qué está utilizando la tarjeta de crédito en primer lugar? Si no, entonces túno sólo te has ahorrado $100.00, sino que también ha ahorrado los $50.00 extras que los intereses y cargos tehabrían costado a ti.

Menos cosas equivalen a más libertad financiera para hacer las cosas con las que siempre ha soñado, como hacer kayak en Yellowstone o ir de vacaciones a Irlanda.

Tú podrías incluso tomar ese dinero y ahorrar para comprar tu propia casa. Nadie teestá diciendo que ser dueño de una casa es una compra monetaria innecesaria.

Una actitud minimalista y un estilo de vida también pueden ayudarle a ayudar al medio ambiente. Si tienes menos cosas, tienes menos que tirar o reemplazar. Esta idea de consumismo constante está devastando el medio ambiente que nos rodea, por lo que disminuir las cosas que tenemos y las "cosas necesarias" que usamos puede reducir tu huella en el medio ambiente y ayudar a mantener este planeta con el que prosperamos en buenas condiciones de funcionamiento. Con un menor consumo de productos, significa que necesariamente se gastan menos recursos para crear los elementos de montaje y se libera menos contaminación en el ecosistema.

Con este estilo de vida minimalista también llega el momento de ser más productivo. Si tienes menos cosas a tu alrededor para distraerte y tomarte tu tiempo y atención, ese tiempo y esa atención puedan ser invertidos en cosas que realmente importan. Ya sea pasando tiempo con amigos y familiares o paseando por tu lugar favorito para hacer ese trabajo necesario en un lugar que te hace sonreír, liberar tu vida de todas esas distracciones consumistas puede mejorar la calidad de vida porque intercambia una fuente de atención por otra. Hay tantas cosas que puedes insertar en ese tiempo extra que mejoran la vida que estás viviendo actualmente -- yoga, meditación, ejercicio, jardinería, caminatas, e incluso pesca y caza pueden ser consideradas actividades para aliviar el estrés para las que muchas personas simplemente "no tienen tiempo".

Tú puedes deshacerse de todas las distracciones desechando y donando cosas que en última instancia no necesita y dedicar tiempo a este tipo de actividades que pueden reducir aún más tus niveles de estrés.

No sólo eso, sino que puedes estar seguro de que está dando buen ejemplo a muchos otros. Si tú tienes hijos, tus hijos observarán lo que tú estás haciendo y aprenderán a vivir sus vidas de la manera en que tú lo haces. Si tú odias la manera en que gasta el dinero cuando compra, pero tus hijos lo están viendo hacerlo de todos modos, ellos tomarán ese hábito en sus últimos años y lucharán con los mismos tipos de cosas con las que tú luchas.

Pero, si tú puedes arreglar esas luchas y llevar un estilo de vida más libre de estrés, les enseñará a tus hijos que así es como se supone que se debe disfrutar de la vida.

Esa misma influencia puede contagiar a amigos, compañeros de trabajo e incluso a otros miembros de la familia como tus padres. La frase "sé el cambio que deseas ver en el mundo" es muy cierta en esta sección del libro, porque la mejor manera de instigar el cambio en otros que te rodean es imitar ese cambio para ellos. En lugar de hablar de ello, debatir sobre cómo hacerlo y luego decirle a los demás que es una buena idea, simplemente hazlo tú mismo. Deje que el cambio en tu vida sea la prueba física que otros necesitan para implementar el cambio en tus propias vidas.

Otra razón hermosa es que vivir un estilo de vida minimalista rejuvenece tus reservas de energía. Para muchas personas, cuando entran a sus casas y ven el desorden a su alrededor, esto sirve como un recordatorio de que hay cosas que estamos dejando ir en nuestras propias casas. El desorden puede servir como un recordatorio de que estamos constantemente atrasados en algo o de que tenemos que descuidar un aspecto de nuestras vidas para poder enfocarnos en otro. Además, las posesiones tienen un poder extraño sobre nosotros: nos desarraigan en áreas en las que no tenemos que estar arraigados. Tener demasiadas posesiones puede hacer que parezca toda una tarea solicitar ese nuevo trabajo y mudarse a ese otro estado para aceptarlo, simplemente porque no queremos lidiar con el desorden que existe dentro de nuestras casas.

Por lo tanto, hacemos de nuestro desorden y posesiones el chivo expiatorio de por qué no podemos tomar ese trabajo ahora mismo que obviamente nos haría más felices, a pesar de que sólo paga un poco menos.

¿Cuánta vida te estás perdiendo porque tus posesiones te están "arraigando"?

Cuando tienes menos de ellos, estás más dispuesto a tomar esos riesgos y moverte, explorar y viajar a áreas que podrían resultar en tu felicidad.

Sin embargo, uno de los mayores beneficios posibles de vivir un estilo de vida minimalista es liberarse del "juego de la comparación". En esta sociedad, nuestra riqueza, autoestima y estatus social están marcados por las cosas que poseemos. En la escuela intermedia, los niños son clasificados por la ropa que usan y si son ropa de marca o no. En la escuela secundaria, los adolescentes son clasificados por el tipo de electrónica que llevan consigo y si es el último modelo de iPhone o no. En el mundo adulto, el juego de comparación y clasificación sigue siendo el mismo.

Entiende esto: Nadie se levantará en tu funeral un día y hablará sobre ese teléfono increíble que tenías en la escuela secundaria o esos zapatos increíbles que tenías en la escuela intermedia. Hablarán de la persona que eras, de cómo viviste tu vida, de la moral que tuviste o no tuviste y de las personas a las que amaste o no amaste.

Al final, nadie va a recordar el nombre del diseñador que creó tu vestido de novia. Recordarán el tipo de persona que eras. Cuando puedas liberarte de ese juego de comparación y clasificación y sumergirte en un mundo en el que tu valía no esté clasificada por lo que posees, sino por cómo actúas y quién eres, tus niveles de estrés disminuirán simplemente porque ya no sentirás la necesidad de mantenerte al día con las últimas tendencias, la moda y demás. Comenzarás a valorar lo que tienes en lugar de envidiar lo que no tienes, y esto abrirá camino para que los aspectos más amplios de la filosofía minimalista penetren en los rincones de tu existencia.

¿Listo para el primer paso?

Capítulo 4: Cómo liberar del desorden tu hogar.

Para muchos, el primer paso para vivir un estilo de vida más minimalista es simplemente ordenar tu hogar. Para algunos, este es el único paso dado, aunque te animamos a que apliques este tipo de actitud ordenada a lo largo de tu vida. Muchas personas no entienden el estrés que conlleva tener demasiadas cosas. Ya sea que te estés constantemente golpeando tu dedo meñique contra la pata de esa silla o que estés estresado por todos los libros y papeles en tu oficina, las cosas desorganizadas e innecesarias en nuestras vidas pueden llevarnos a factores estresantes que nos dan la ilusión de que finalmente no tenemos control.

Pero, tú tienes el control.

Si bien el ordenar tu casa suena bastante simple, puede convertirse rápidamente en una actividad que es difícil para cualquiera que intente resolver el problema. Los seres humanos tenemos una tendencia a vincular el sentimiento emocional a los objetos inanimados, ya sea que reflejen nuestro pasado de manera positiva o negativa, y esto por sí solo puede impedir que tomemos las medidas necesarias para liberarnos del desorden que está simplemente en nuestros roperos, y mucho menos del desorden en nuestras casas.

Lo primero que hay que hacer es asegurarse de que entiendes la diferencia entre preservar los recuerdos y preservar las emociones. Los recuerdos, como las fotos, los álbumes de fotos y los recuerdos escasos son cosas que la gente guarda y que son buenas. Son cosas que nos recuerdan a los días, y a la gente que se nos ha adelantado. Ordenar una casa, no significa deshacerse de estas fotos y recuerdos preciosos. Sin embargo, hay una diferencia entre el traje que uso de regreso a casa de tu hijo y su primera cuna.

Uno de ellos es el enorme tamaño. La otra, sin embargo, es la diferencia entre el apego de memoria y el apego emocional.

El apego de memoria es cuando tú miras un objeto, como una foto o ese primer equipo en el que tu hijo llegó a casa, y tú recuerdas la ubicación física, la cara y la hora en que ocurrió. Un apego emocional es cuando tú miras un objeto, como una cuna, un sofá o una pieza obsoleta de recuerdos y recuerda la emoción que hay detrás de ti. ¿Recuerdas el momento en que pusiste a tu hijo en la cuna por primera vez? Recuerdas esos momentos emotivos en los que te levantabas a todas horas de la noche para venir a atender a tu hijo enfermo. ¿Recuerdas el momento en que finalmente crecieron más para caber en su cuna?

Uno viene con un momento en particular, y otro con un montón de momentos que reúnen duras fuertes respuestas emocionales.

En principio, será difícil diferenciar entre las dos, por lo que algunas personas los clasifican según el tamaño de los objetos. Sin embargo, esta es la diferenciación que tú estás haciendo realmente: un objeto que guardas tiene una tendencia a estar basado en un evento en particular, mientras que un objeto que se regala tiene una tendencia a recordar a alguien de múltiples eventos.

Llegarán con el tiempo, no te asustes.

El consejo más importante al ordenar tu casa es tener a alguien que te ayude. Ellos tedarán una opinión imparcial cuando se trata de sostener esa chaqueta de cuero con la etiqueta que túcompraste hace dos años para una excursión que nunca hizo. Ellos mantendrán tu vista puesta en tu meta final mientras se dan cuenta de que cuando regalan algo puede llegar a ser demasiado.

La otra cosa que hay que entender es que el ordenamiento de una casa no se produce en un solo día, e incluso se realiza por etapas para muchas personas.

Liberarnos de estos apegos emocionales es difícil, y es una de las muchas razones por las que nuestras "cosas" nos traen tanto estrés. Estar rodeado de cosas que constantemente desencadenan diferentes emociones está drenando nuestras vías neuronales, nuestros sistemas límbicos y nuestras glándulas suprarrenales. Estar desgastado emocionalmente es una forma de vida para la mayoría de las personas, ¡y ni siquiera se dan cuenta!

Así que, empieza con una habitación. Escoja cualquier habitación de tu casa y conviértala en una meta al final del día para que sea despejada. Traiga cajas y done materiales, o incluso organice una venta de garaje masiva para reunir algo de dinero para ahorrar para otras cosas más importantes (como las molestas cuentas que todos tenemos que pagar).

Luego, vaya habitación por habitación y deshágase de las cosas innecesarias con las que no tiene que separarse por ahora. Si un objeto está demasiado arraigado en emociones pasadas para que túpuedas deshacerte de él todavía, no se asuste y se cause más estrés innecesario. Mucha gente se da cuenta de que incluso ordenar tu casa habitación por habitación tomará dos o tres iteraciones diferentes antes de que su casa se deshagan realmente de todo lo que la desordena.

De la misma manera que el ordenamiento significa deshacerse de las cosas, también puede significar organizarlas. Mucha gente todavía utiliza el papeleo para mantener los registros a mano de todo lo que es importante para ellos cuando se trata de tus autos, cuidado de la salud, cuentas médicas y documentos importantes. Mientras que vivir un estilo de vida minimalista puede ser muy fácil para tu presupuesto, a veces es necesario hacer una compra para mantenerse organizado. Conseguir un archivador o carpetas colgantes que se pueden colocar en roperos extraíbles vacíos es una inversión relativamente barata para llevar todos esos papeles importantes que están esparcidos por todas partes y colocarlos en un lugar central donde se pueda acceder fácilmente a ellos.

Para unas personas, los clósets desordenados serán los más difíciles. Algunas personas naturalmente tienen pequeños roperos y otras tienen roperosgrandes por naturaleza. Si tú eres alguien que tiene un guardarropa naturalmente grande, entonces aquí tiene un consejo para vaciar tu ropero: Toma una caja y ponla detrás de ti y lentamente comience a sacar cada pieza de ropa, una por una. Si no lo ha usado en el último año, tírelo atrás de tu cabeza y la caja de basura. Esta ropa puede ser vendida o donada, y teayudará a averiguar qué es lo que lleva puesto y qué es lo que simplemente guarda porque puede hacerlo.

Otra manera de ordenar tu hogar es implementar sistemas basados en números. Durante el tiempo que necesites, puede ir a tu casa y llenar una bolsa de basura con cosas que ya no usas y donarlas o tirarlas. También puedes jugar el desafío 12-12-12, en el que te aventuras por tu casa y encuentras 12 cosas que puedes tirar, 12 cosas que puedes donar y 12 cosas que pueden ser devueltas a su espacio apropiado y correcto dentro de la casa. Estos juegos de números ayudan a cambiar el enfoque del elemento a la correlación de conteo, lo que puede ayudar a muchas personas a mantener en jaque sus conexiones emocionales con muchos elementos aleatorios.

Otro consejo que puedes implementar es

hacer una lista. Para algunos, la simple idea de ir de cuarto en cuarto a ordenarlos es abrumadora. Tal vez tú eres dueño de una casa más grande o tiene varias áreas más pequeñas en tu casa que han servido como almacenamiento básico y lugares de uso general. Eso está muy bien. Siéntate y escribe una lista en cada habitación y úsala como una manifestación física del progreso que está haciendo. Cuando hayas terminado con una habitación, has una demostración de que la está revisando. Garabatee o dibuje sobre él con un marcador grueso. ¡Encuentra una manera sencilla de recompensarte a ti mismo presumiendo de cómo has despejado esa habitación y la has puesto en un buen estado de funcionamiento!

Ordenar tu casa es un paso masivo hacia un estilo de vida minimalista, y tú puedes tener el beneficio adicional de donar muchos de los artículos a personas que son menos afortunadas de lo que eres tú. Considera usar este tiempo para meditar sobre tu estado emocional y permítete revivir estos recuerdos. Entonces, permítete comprender que el hecho de regalar estos artículos no significa que estás desechando tus recuerdos. Lo que esto significa es que ahora alguien puede beneficiarse de estos artículos y crear tus propios y hermososrecuerdos, al igual que tú pudiste hacerlo.

Lo siguiente que hay que entender es la diferencia entre un verdadero estilo de vida minimalista y un estilo de vida minimalista comercializado.

Capítulo 5: Ser minimalista no tiene que costarte más dinero.

Nuestra sociedad se basa en la noción de tendencias de tamaño pequeño: Los tweets se vuelven virales, los videos de seis segundos son impulsados a los primeros puestos de las listas de "tendencias", y dos párrafosdespotrico en Facebook son impulsados mientras el reconocimiento se apodera de sus vidas. Como sociedad basada en la tecnología, nos enorgullecemos de la capacidad de sacar cosas que son digeribles en menos de un minuto y que son captadas lo suficientemente por nuestros ojos y oídos para considerarlos "virales". Esta efusión temporal de amor y afecto es suficiente para estimularnos porque otras personas nos consideran dignos, así que encontramos maneras de seguir caminando para construir continuamente un seguimiento de personas que puedan acariciar nuestros egos.

En otras palabras: hemos encontrado una manera de basar nuestra autoestima en artículos tangibles que la gente utiliza para mostrar sus vidas de forma totalmente de frente.

Con la idea de "tendencia" se entremezcla la idea de que algo necesita ser atractivo a la vista. Las cosas de tendencia suelen tener un componente visual si el mensaje no es verbalmente visceral. Esto significa que las fotos filtradas, los vídeos collage e incluso los álbumes de fotos y vídeos atraen la mayor atención, ya que involucran más de uno de nuestros sentidos básicos a la vez con el fin de crear un vínculo emocional entre la persona que recibe la información y la persona que lo creo.

Esto significa que si una idea, forma de vida o principio está en "tendencia", hay un aspecto visual atado en ella para transmitir tu mensaje sin que alguien tenga que leer un montón de texto, especialmente si se tarda más de 30 segundos en leer dicho texto.

Por ejemplo, cuando el estilo de vida Higee comenzó a ser tendencia en los Estados Unidos, se publicaron varios libros que contenían dónde comprar las velas más baratas, ropa para comprar los mejores calcetines peludos, y qué patrones eran los más tranquilizadores para poner en las mantas. El estilo de vida higiénico no tiene absolutamente nada que ver con esos artículos en particular, son simplemente artículos que designan el estilo de vida higiénico en una cultura en particular que nace del estilo de vida danés que está presente en su moral y su clima: Dinamarca puede ser oscura, muy fría y muy aislada a veces. Así que, mientras que las velas y los calcetines son para mantener los pies calientes son parte del estilo de vida higiénico para ellos, ese mismo aspecto de "mantenerse calientes para estar cómodos" no funcionaría para relajar a alguien en un ambiente como el de España en pleno verano.

Así, cuando el concepto minimalista comenzó a "marcar tendencia" en Estados Unidos, llegaron las mismas fotos visuales estimulantes con elementos recurrentes específicos que la gente creía necesarios para vivir el estilo de vida: colores bloqueados, camisas holgadas, abrigos largos monótonos, suéteres de novios, chaquetas de punto holgadas e incluso polainas sencillas. La gente empezó a dejar de lado el significado del "minimalismo" y la filosofía de una vida a favor de "buscar la adaptación". La gente empezó a perder el punto de minimizar los objetos y sentimientos triviales en su vida y se obsesionó con un "look de moda" que te atrajera más la atención de sus seguidores para seguir construyendo su "marca viral".

Este es el peligro de nuestra sociedad con principios como este, y no caen en la trampa. El minimalismo, si lo hace bien, no cuesta nada. Ordenar tu casa no cuesta nada. Reducir el tamaño de turopero no cuesta nada. Deshacerse de algunos de tus muebles innecesarios no cuesta nada.

¿Por qué? Porque no estás reemplazando estos artículos. Los estás quitando permanentemente para dar paso a una vida más sencilla, con menos importancia en los objetos tangibles y más importancia en el testimonio y la presencia en el mundo que te rodea.

Para algunos, vivir un estilo de vida minimalista significa renovar por completo su forma de vida: muchas personas empezarán a asumir este principio declinando su hogar y se encontrarán tan atraídos con la idea de que desean vender su casa o cancelar su contrato de arrendamiento y vivir en la carretera. El estilo más típico de vida en la carretera es conocido el de vida en casa móviles, pero para muchos puede ser tan simple como equipar una camioneta grande con unos pocos elementos básicos y viajar por el país.

No importa el tipo de estilo de vida que elijas para llevar cuando se trata de tu viaje con el minimalismo, nunca deberá costarte mucho dinero el hacerlo.

Para aquellos que simplemente desean organizarse, el ordenamiento no cuesta nada. Entonces, si tú tienes artículos que son importantes que todavía pueden ser útiles en otro lugar, hay muchas tiendas de segunda mano que albergan muebles y gabinetes de almacenamiento de archivos a precios baratos cuando la gente hace su propio ordenamiento y luego lo dona. Nunca subestimes las gangas que puedes encontrar en una tienda de segunda mano si estás absolutamente necesitado de algo que te ayude a organizar cosas que son importantes, como documentos en papel y certificados de nacimiento.

Sin embargo, si tú deseas ir con todo al estilo de vida minimalista y vender todo lo que posees, con el fin de trabajar a remotamente y viajar a través del país, entonces aun así no tiene por qué costar mucho dinero. Busca en los medios que conozcas y busca vehículos usados en buenas condiciones. Te ahorrará miles de dólares comprando usado en lugar de entrar en un lote de autos y comprarlo con el distribuidor. Sólo asegúrate de que tienes el conocimiento necesario para examinar correctamente el vehículo y no se quede embarcado con algo que se descompondrá en dos meses.

Si alguien intenta convencerte de que un estilo de vida minimalista requiere dinero por adelantado, entonces no lo han entendido del todo: Deshacerse de posesiones y cosas innecesarias no es sólo un gesto de libertad, sino que puede ahorrarte dinero en el futuro. Muchas personas bajan de categoría sus teléfonos y sus planes, se deshacen del servicio de televisión por cable y de muchos de sus servicios de transmisión, e incluso bajan la calidad de su casa por algo un poco más pequeño. Todas estas acciones realmente devuelven el dinero a tu bolsillo mientras te adhieres a la filosofía de un estilo de vida minimalista.

Pero, uno de los mejores rasgos de este tipo de estilo de vida en sí mismo es la reducción del estrés que ocurre dentro del cuerpo, y esto puede tener influencias masivas durante todoel recorrido del resto de tu vida.

¿Valoras este libro hasta ahora? Sería extraordinario si pudieras compartir tu honesta opinión sobre este texto. Para dejar tu opinión:

Capítulo 6: Cómo un estilo de vida minimalista reduce el estrés.

Al aligerarse de muchas cargas financieras, se produce un alivio masivo de estrés. Ya sea que viva solo o en grupo, los problemas financieros y los factores estresantes son la causa número uno no sólo de la ansiedad, sino también del divorcio. Las finanzas y el dinero crean estrés, por lo que el poder reducir el tamaño y ahorrar dinero,teayuda bastante.

Pero, esa no es la única razón por la que vivir un estilo de vida simple y minimalista puede reducir el estrés y la ansiedad.

Los recordatorios visuales están constantemente impactando nuestro estado mental. Es por eso que la "influencia del color" es un tema tan popular en la psicología de hoy. Los colores evocan emociones específicas debido a las cosas que se nos enseñan cuando somos niños y que están arraigadas en nuestro conocimiento básico y en nuestras vías neuronales. Muchas otras formas más amplias de conocimiento dependen de las conexiones que hicimos cuando éramos niños, y es por eso que mucha gente asocia el color rojo con la "ira" y el azul con el "alivio".

Esta, es también la base fundamental del reconocimiento, que es la idea de que un estímulo visual puede ayudar a alguien a recordar un evento, un recuerdo o una respuesta emotiva. Sin embargo, esta función nunca deja de funcionar. Las cosas que te rodean desencadenan respuestas emocionales y físicas cada vez que las tomas visualmente, y abarrotar tu vida con cosas inútiles puede hacer que alguien se sienta agobiado y fuera de control. Al eliminar esos elementos y crear espacios más libres y abiertos, el recordatorio visual pasa de una sensación de agobio a una sensación de apertura, que puede engañar al cerebro y desencadenar una respuesta más relajada.

Pero, al vivir un estilo de vida minimalista viene de la idea de que ya no tienes que seguir las tendencias. Saliéndote de la carrera de locos que son los productos de marca y actualizando constantemente tu tecnología, te liberas del ámbito de "tener por tener para ser valorado". Tus posesiones no definen quién eres tú. Al final, todos seremos enterrados con lo mismo: solo nosotros mismos. Si túte defines por tus artículos, siempre sentirás como si tuvieras que gastar dinero, que puede o no tener para sentir que es lo suficiente. Esta es una sensación de inseguridad, irresponsabilidad y competitividad, y puede mantenerte en un estado de ansiedad permanente.

No sólo eso, sino que vivir este tipo de estilo de vida significa que estás más inclinado a lidiar con las causas de raíz de los problemas que puedas tener, ya que no tienes una manera de desviarte y distraerte de tus problemas por más tiempo. Cuando ya no estás comprando ropa para tu ropero que está en constante crecimiento, eres capaz de identificar tu verdadera motivación detrás de tuconstante compra: El miedo a no ser aceptado y querido por los demás.

Ahora, sin la compra compulsiva, tú tienes que abordar el problema de frente, lo que significa que realmente puede liberarse del estrés que esta emoción está causando, o al menos identificar situaciones desencadenantes que puede evitar.

Vivir de manera minimalista también tepermite volver a familiarizarse con la diferencia entre las necesidades y los deseos. Teayuda a definir lo que es importante frente a lo que es innecesario, y esto puede liberar el estrés porque finalmente se complace en las cosas que realmente deseas. Tú eres capaz de cuidar de las cosas que tienen belleza para ti mismo, y tú eres capaz de adaptar tu vida a tus normas y punto de vista en lugar de ser un esclavo de las posesiones y los factores estresantes que vienen con esas posesiones.

También hay un increíble componente de autodescubrimiento en todo este viaje. A pesar de que puedas estar dejando ir lo que posees, o algunos hábitos destructivos que has tomado, significa que puedes enfocarte más en ti mismo y en lo que realmente disfrutas y en lo que realmente no disfrutas. Cuando miras bien tu vida sin las ruidosas distracciones de un estilo de vida desordenado o las crecientes dificultades financieras, finalmente puedes encontrar lo que te hace funcionar, y vivir tu vida de acuerdo a tu propio reloj interno.

Esto teda un sentido más fuerte de ti mismo, y eso puede infundir confianza que puede ayudar a disminuir ciertas ansiedades que la gente puede tener cuando está cerca de otros.

No sólo eso, sino que ahora que ya no estás consumiendo inútilmente, tienes que encontrar cosas que realmente te gustan. Esto, resulta más difícil para las personas de lo que te imaginas, porque significa reemplazar estos mecanismos de copiar poco saludables, cuando se está estresado por cosas que son más saludables. Esto significa hacer algunos ejercicios serios de autoconciencia para entender tu definición de salud interior. Para algunos, es una meditación tranquila. Para otros, el silencio es aterrador, por lo que escuchar música a todo volumen mientras están tumbados en el sofá o en la cama, es terapéutico.

Sea lo que sea, requiere que mires. Y para mirar dentro de ti mismo, tienes que tener la menor distracción posible.

La verdad es que un estilo de vida minimalista ayuda a tu autocontrol. En este mundo consumista que surgió después de la Segunda Guerra Mundial, el auge de la moda, la comida rápida y las compras instantáneas, nos catapultó a la sociedad estresada y ansiosa que somos ahora. Los problemas médicos, como la depresión, la diabetes, los cánceres y los trastornos de ansiedad están aumentando a un ritmo exponencial, y a medida que continuamos consumiendo, los estudios muestran que estos problemas comienzan a subir una vez más en la gráfica de los diagnósticos en todo el mundo.

La verdad es que un estilo de vida minimalista ayuda a tu autocontrol. En este mundo consumista que surgió después de la Segunda Guerra Mundial, el auge de la moda, la comida rápida y las compras instantáneas, nos catapultó a la sociedad estresada y ansiosa que somos ahora. Los problemas médicos, como la depresión, la diabetes, los cánceres y los trastornos de ansiedad están aumentando a un ritmo exponencial, y a medida que continuamos consumiendo, los estudios muestran que estos problemas comienzan a subir una vez más en la gráfica de los diagnósticos en todo el mundo.

Antes de esto, sin embargo, la gente no poseía tanto, no compraba tanto y tenía un mayor porcentaje de su salario ahorrado. Esto no es una coincidencia, y es algo que puede ser fácilmente remediado dentro del estilo de vida de un individuo. Pero, para detener todo esto de comprar y consumir se requiere autocontrol.

Al eliminar este estilo de vida y asumir un estilo de vida minimalista, tú no sólo estás practicando el autocontrol, sino que está disminuyendo el estrés y las ansiedades que vienen con las compras sin sentido.

Entonces, después de que el estrés ha disminuido y el cuerpo comienza a calmarse y auto curarse, el estilo de vida minimalista produce muchos logros diferentes. Por ejemplo, empiezas a darte cuenta de lo que realmente importa. Puede sonar a estereotipo, pero escúchame: Cuando empiezas a diferenciar entre las cosas que quieres y las que necesitas, empiezas a darte cuenta de cuánto creías que necesitabas, pero en realidad no lo hiciste. Esto no sólo es iluminador, sino también liberador. Eliminar lo que no importa reajusta la brújula del consumidor de un individuo y le permite tomar mejores decisiones en el futuro.

El darse cuenta de lo que realmente importa ayuda a mantener a raya el estrés que una vez fue causado por una excesiva indulgencia en los ideales consumistas.

Entonces, puedes adoptar esta idea de minimalismo y aplicarla a toda tu vida. Cuanto más te concentres en lo que importa, más fácil será ver la realidad. Esta idea de querer versus necesitar en la cultura del consumidor puede penetrar y caer en otros aspectos de la vida de una persona, tales como su vida amorosa y su vida familiar. Una vez que empiezas a develar y a revelar el tipo de persona que eres, con gustos y cosas que no te agradan, se vuelve más fácil valorar lo que es importante y dejar de lado lo que no lo es.

Por ejemplo, podría haber sido importante para ti, en tu vida amorosa, tener a alguien que fuera dueño de tu propia casa. Pero, después de empezar a vivir un estilo de vida minimalista, esas prioridades podrían cambiar de ser dueños de una casa a tener hijos. Esta extensión de una filosofía básica puede recrear toda la forma en la que vemos el mundo, y puede poner la vida de un individuo en un camino que nunca creyeron posible.

También empiezas a darte cuenta de que las cosas no te hacen una persona. Una de las mayores razones por las que el mercado de consumo es el mayor mercado en auge hoy en día es porque la gente cree que las cosas los hacen quienes son. Piénsalo: Juzgamos toda la personalidad de alguien basándonos en el atuendo que lleva puesto. Se llama estereotipo, y este tipo de cosas siempre se basan en lo visual. Al caer presa de este ideal, terminamos valorando lo que vemos por encima de lo que experimentamos, y terminamos reemplazando las personalidades verdaderas por objetos.

Muchas personas intentan disminuir tus propias ansiedades y factores estresantes simplemente arreglandosolo lo superficial. Los programas de cambio de imagen lo hacen todo el tiempo: Toman a alguien con una imagen horrible y con mal gusto de maquillaje, y en treinta minutos la transforman instantáneamente en una versión hermosa de sí mismos.

Pero, cambiar lo superficial no disminuye las tensiones internas.

Una vez que te deshagas de todo el desorden y dejes que la filosofía minimalista penetre en tus opciones de vida, te darás cuenta de que las cosas no forman parte de lo que eres como persona.

*Tu*inventas quién eres como persona.

Vivir este tipo de estilo de vida puede crear una transformación increíble dentro de la vida de una persona. Puede curarles física, mental y emocionalmente, y puede inculcarles la confianza para hacer lo que deseen. Puede guiarte con tu propia dirección, dictar tu vida fuera de las reglas sociales tradicionales, y ya no ser esclavos de un estilo de vida consumista estresante y económicamente agotador.

Aun así, muchas personas se saldrán del camino en algún momento. Es por eso es que el estilo de vida minimalista no sólo tiene una filosofía, sino también consejos y estrategias que pueden ayudar a una persona en tu viaje de principio a fin.

Capítulo Siete: Consejos y estrategias minimalistas.

Aunque un estilo de vida minimalista consiste en depurar en lugar de organizar, eso no significa que la organización no juegue un papel. Hay varios consejos y estrategias que hay que tener en cuenta al comenzar el viaje, así como cosas que hay que tener en cuenta al recorrer el nuevo camino que te has propuesto emprender.

Hay algunas cosas que debe tener en cuenta al depurar. Sí, si tú tienes papeles dispersos, es posible que tengas que comprar algo para mantenerlos a resguardo. Pero, no todo necesita algo comprado para simplemente organizarse. Algunas personas compran organizadores para susroperos porque tienen 20 toallas decorativas diferentes.

¿Realmente necesitas 20?

Cuando considere tus "reducibles", asegúrate de conocer la diferencia entre simplemente organizar todas tus posesiones y realmente eliminarlas de tu casa. Esos siete recipientes para mezclar de diferentes tamaños podrían no ser realmente necesarios si sólo horneas durante una sola época en el año.

O si es que horneas.

Otra cosa a tener en cuenta es dejar de buscar gangas. Para muchos, la emoción de encontrar una gran oferta es igual de compulsiva que la de comprar. Sólo compra lo que necesites cuando lo requieras y no tendrás que cazar ofertas y negociar con nadie. Esto significa que tú no desordenarás tu vida con posesiones inútiles, y las posesiones que tú adquieras serán de alta calidad, por lo que tedurarán un buen tiempo.

Y, ya que tú has ahorrado dinero viviendo un estilo de vida minimalista, el precio más alto aun así no te detendrá financieramente.

Reprograme el tiempo que tenga. Ahora que te has librado de posesiones innecesarias, tienes más tiempo libre. No los estás limpiando, ni reorganizando, así que tómate ese tiempo y haz algo útil con él.

Si tienes muchas cosas y no sabe por dónde empezar, empieza de poco en poco. Vivir un estilo de vida minimalista debería aliviar el estrés. Por lo tanto, el inicio del proceso no debe aumentar tus niveles de estrés. Incluso si empezar con poco significa, literalmente, abordar un espacio a la vez, es más progresivo de lo que has hecho en meses.... y tal vez incluso años.

Si estás luchando para averiguar si una posesión merece un lugar en tu estilo de vida minimalista, trata de imaginar ese artículo en tu vida dentro de un año. Si no puedes verlo, entonces no lo compres.

El minimalismo se trata de "ahora". Ahora es el momento de hacer esto, ahora es el momento de tomar el control de tu vida, y ahora es el momento de minimizar y vivir simplemente. Si tú llevas un artículo a tu casa que has llegado a sentir que es inútil, tómalo ahora y haz algo con él, ya sea que lo tires a la basura o lo pongasen una caja de "donaciones" en tu cochera.

Cuando se trata de organizar y despejartu

casa, pregúntate esto al abordar tu cocina: " ¿Cabe en un gabinete?" Si no, pregúntate con qué frecuencia lo usas. Si no lo ha usado por lo menos tres veces en el último mes, deshazte de él. Si lo has usado, pero siempre comentas lo grande que es el artículo, intenta venderlo o donarlo y conseguir una talla más pequeña. El minimalismo no se trata de no consumir, se trata sólo de consumir lo que se necesitas.

No se deje llevar por la "moda" del minimalismo: Los colores monótonos, muebles frágiles y ropa holgada. Si quieres color en tu vida, ¡pinta tus paredes! Si quieres ese bonito y lujoso sofá del que trabajas todos los días, ¡entonces consíguelo! Repito: Minimalista no se trata de "no consumir", se trata sólo de consumir lo que se necesita.

Siempre mantente al tanto de los cambios. Debido a que tú has vivido un estilo de vida consumista durante tanto tiempo, será necesario un esfuerzo mental para cambiar tu forma de vida. El nuevo desorden te encontrará durante bastante tiempo, así que mantente siempre alerta, para cuando empiece a acumularse. Luego, toma las medidas necesarias para liberarse del desorden una vez más. Eventualmente, el minimalismo se convertirá en la nueva normalidad de tu vida y el desorden aparecerá cada vez menos.

Si te encuentras comprando algo nuevo, entonces cámbialo por algo viejo. Tú no tienes que aferrarte a esa silla desvencijada, si has comprado una mejor.

El minimalismo no se trata simplemente de lo que haces y no guardas, sino también de enriquecer tu vida. Toma el dinero que no te estás gastando en bienes y productos e inviértelo en experiencias y servicios que terminen por enriquecer tu vida. ¿Tienes un lado temerario? ¡Haz paracaidismo en interiores! ¿Te gusta viajar? ¡Has un viaje de fin de semana al otro lado del país sólo para ver cómo es! Este tipo de cosas también te ayudarán a disminuir los niveles de ansiedad y estrés y teproporcionarán experiencias enriquecedoras que teharán crecer como individuo en lugar de añadir el desorden a tu vida.

Para algunos, cuando se trata de ordenar una organización, de inicio es una circunstancia enorme. Muchas personas no sólo tienen desorden, sino que lo tienen porque son desorganizadas. Debido a esto, también tenemos algunos consejos sobre cómo mantenerte organizado. Para empezar, desarrolle un sistema racionalizado para algo. Un buen comienzo es tu correo: Cuando llegue, ten un tablero colgante con pequeñas canastas o cajas. Ponga el correo entrante en un buzón y el saliente en otro. Practique con esta simple actividad hasta que se convierta en hábito, y luego racionalice otro aspecto de tu vida.

La desorganización, para la mayoría de la gente, es simplemente la falta de implementación de hábitos organizacionales.

Deja de hacer muchas cosas a la vez. Para aquellos que están desorganizados, a veces puede ser porque siempre están tratando de hacer lo mismo todo a la vez. Tal vez se deba a una mala administración del tiempo, pero lo primero que cualquiera persona puede hacer para abordar este problema detrás de la desorganización es detener la multitarea: Cuando empieces algo, no hagas la transición hasta que esté terminado o hayas alcanzado tu objetivo diario para el proyecto. Será difícil al principio, pero si trabajas diligentemente se convertirá en un hábito.

Otra manera de organizarse, es agilizar tu vida financiera. Si tú tienes deudas y pagos que van a muchos destinos todo el tiempo, puede llegar a ser abrumador y las cuentas pueden ser olvidadas. Si realiza operaciones bancarias con alguien en quien confía, entonces considere refinanciar o cambiar los pagos de tus deudas al banco. A continuación, configure los débitos automáticos atu cuenta. De hecho, haga esto con todas tus facturas, porque esto es lo que puede hacer: Después de establecer una fecha y hora para el pago de débito automático cada mes, entre y configure una alarma mensual recurrente en tu teléfono sin establecer una fecha terminación.

De esta manera, tus pagos siempre se harán a tiempo y tú siempre sabrás de ellos con anticipación.

Si te encuentras abrumado por las tareas domésticas, hazte una tabla de tareas. Sí, parece que estás criando a un niño, pero escúchame: Al hacer una gráfica de tareas, puedes ver fácilmente lo que hay que hacer a diario y lo que hay que hacer semanalmente. Esto minimizará los momentos de limpieza innecesarios y te ayudará a organizar tu agenda. ¿No trabajas los domingos? ¡Haz que sea tu día de lavandería! ¿Es tu día más ocupado los miércoles? ¡Entonces sólo tiene que programar una limpieza rápida de la cocina! Es una gran manera de regular la limpieza de tu hogar en torno a tu horario, y luego, una vez que hagas el horario, no tendrá que volver a pensar en ello.

Cuando se trata de eso, la limpieza puede albergar mucha culpa. Tal vez esos candelabros de cristal eran caros, o tal vez tu abuela te compró un abrigo que odias, pero que guardaste porque ella es tu abuela y tú la amas. Si podemos dejar de lado la culpa y otras emociones arremolinadas detrás de muchos de los objetos a los que nos aferramos, esto ayudará a hacer que el vivir un estilo de vida minimalista sea mucho más fácil. Las cosas que recibimos no siempre tienen que ser desechados o tirados en vano: Considera donarlos o regalárselos a alguien que sabes que leencantaría o que podría usarlos. A la larga, explicarle a un miembro de la familia por qué ya no tienes esa cabeza de alce decorativamente montada va a ser mucho más fácil que sufrir constantemente al mirar la cosa cada vez que entras en tu casa.

Al final del día, lo más difícil de hacer en este estilo de vida es separar la emoción del objeto. No importa de qué nos deshagamos, los recuerdos asociados a ese objeto nunca nos abandonarán. Los recuerdos no viven porque el objeto exista, sino porque elegimos pensar en ellos con una canción en el corazón.

Estos consejos y estrategias descritos anteriormente pueden ayudar a mantener a cualquier persona en cualquier etapa de su jornada en el camino correcto, y con la ayuda de los capítulos de este libro, puedes estar bien encaminado a vivir tu propia vida sencilla, que esté llena de aventuras enriquecidas en lugar de objetos exorbitantemente lujosos.

Conclusión

Cuando se trata de vivir un estilo de vida minimalista, hay dos componentes principales: Ordenar tu vida de todas las posesiones innecesarias y disociarse de los apegos emocionales a los objetos inanimados. Los humanos están programados para conectar emociones a cosas específicas en un intento de evocar recuerdos, porque es la forma más fácil de recordar dentro del cerebro. Debido a que nuestros cuerpos están programados para trabajar en su estado más eficiente, este apego de emoción a los objetos que nos rodean es una ocurrencia natural.

Esto significa que,al utilizar un estilo de vida minimalista al máximo, significa ir en contra de nuestros instintos básicos como seres humanos dentro de una especie animal determinada.

La filosofía minimalista se enorgullece de experiencias que enriquecen a un individuo como persona en lugar de objetos que nos dan la ilusión de importancia. La mayor caída que viene del

consumismo es el constante ambiente competitivo para tener siempre lo mejor, lo más brillante, y la tecnología y la moda más actualizada que existe. Hace que alguien no sólo sea esclavo de la interpretación que la sociedad hace de él, sino que también significa que está sacrificando constantemente su éxito financiero y su seguridad para conseguirlo.
Y dentro de estapeligrosa cultura y constantemente perpetuada, se produce una gran cantidad de estrés que es perjudicial para el cuerpo completamente.
La hormona cortisol, se secreta cuando el cuerpo interpreta la entrada de información a través de nuestros sentidos como un escenario estresante. Esto hace que las glándulas suprarrenales se aceleren, produciendo sustancias químicas como la adrenalina, que se mezclan con el cortisol para permitir ciertos tipos de respuestas: Nuestros músculos se tensan, nuestra respiración aumenta y nuestros vasos sanguíneos se dilatan. Nuestros cuerpos se preparan no sólo para el impacto del dolor, sino también para la

lucha que se producirá a causa de ese dolor.

Pero, cuando se activa por largos períodos de tiempo, el cortisol puede comenzar a deteriorar el cerebro, desintegrar fibras musculares importantes dentro del cuerpo y causar estragos tal como el contenido de ácido dentro del estómago. Esto puede llevar a problemas como dolor articular, falta de sueño, pérdida de apetito y enfermedad por reflujo ácido.

Cuando vivimos un estilo de vida minimalista, nos liberamos de los confines de la esclavitud financiera. Cuando podemos deshacernos de los lazos y las cadenas que nos mantienen en la idea de que tenemos que pintarnos a nosotros mismos como aceptables para la sociedad, podemos recuperar el control de nuestras emociones, nuestra salud corporal, nuestras finanzas, y podemos volver a centrar nuestras mentes para profundizar y promover la autoconciencia... y es esta autoconciencia la que nos lleva a encontrar lo que realmente valoramos en la vida y a construir una vida sostenible en torno a esos valores morales".

El minimalismo, en su forma más básica, es un regreso a enfocarse en el ser mismo. Al despejar, donar, tirar y reorganizar nuestras vidas, encontramos maneras de hacer lo mismo con nuestras prioridades. Encontramos lo que es verdaderamente valioso dentro de nosotros mismos y las experiencias a las que realmente queremos dar rienda suelta, y somos capaces de proporcionarnos una vida plena, que nos deja con experiencias enriquecedoras en lugar de objetos "enriquecedores".

En un mundo tan acelerado como éste, puede ser difícil encontrar un sentido básico de la paz. Muchas personas que luchan con noches de insomnio, mañanas exhaustivas, e incluso cosas que provienen de la depresión y las ansiedades, por lo general llevan una vida muy estresante. El minimalismo puede eliminar muchos de esos factores estresantes al mismo tiempo que abre tu hogar para crear espacios masivos en lugar de sentir que las paredes se están cerrando debido a la gran cantidad de cosas que tienes. Con esos espacios abiertos viene una mente abierta y la capacidad de respirar mejor, y una vez que el cortisol comienza a disiparse de tu sistema, el cuerpo finalmente puede comenzar a sanar físicamente.

Además, ayuda que no siempre te rompas el dedo meñique del pie contra esa miserable silla.

Parte 2

Introducción

El minimalismo no es solo una nueva tendencia en el mercado, que se desvanecerá en pocos años. De una forma u otra, ha estado allí a nuestro alrededor durante cientos de siglos. Recordemos la Edad Paleolítica o el siglo XVIII, cuando las personas casi no poseían ninguna riqueza material, pero aún eran más felices y complacidas con sus vidas. Su propósito de vida no era la riqueza material, sino la satisfacción interna. Ellos creían en la vida simple con mínimas cosas a su alrededor. Muchos de ellos tan solo vivían de una mochila.

No estamos diciendo que abandones todo lo que tienes y te conviertas en Paleolítico. Pero, la idea principal del minimalismo es vivir una vida feliz con medios mínimos. Y al mismo tiempo, mantenerte al día con la sociedad que te rodea. El minimalismo te permite escapar de la loca carrera del sueño americano. El llamado sueño aparentemente nunca se convierte en una realidad para nadie.

Una vez que logre lo que siempre quiso: un carro grande, una casa grande, ropa de marca; te acostumbras a ello Luego, trabajas más duro y te esfuerzas por conseguir un auto más grande, una casa más grande y ropa con marcas de diseñador más caras. Este ciclo vicioso nunca termina. Con el minimalismo, aprendes cómo estar satisfecho con medios limitados en la vida.

También te prepara para las situaciones extremas de la vida, en caso de que se te ocurran. Por ejemplo, debido a circunstancias inevitables, si tiene que dejar su casa y todas sus pertenencias; Estarás mucho mejor preparado para manejar esas circunstancias.

Sin embargo, esto no significa que renuncies a tu trabajo hoy y vivas la vida de un monje. De hecho, significa que te preparas para vivir con medios mínimos y menos cosas a tu alrededor.

¡Buena suerte para tu nuevo viaje!

Capítulo 1

Aprendamos un poco de minimalismo

Es posible que hayas visto fotos y escuchado cosas sobre el minimalismo. El primer pensamiento que se le ocurre a cualquiera cuando piensa en el minimalismo es que necesitan poseer cosas menos materialistas. Solo quieren extraer, desechar, eliminar, separar, desordenar y soltar las cosas. Pero, ese no es el enfoque exacto del minimalismo. El pensamiento correcto es querer menos cosas.

Eliminar el exceso de cosas es solo un elemento de todo este proceso. Te estás perdiendo en el punto de vista más grande si te estás enfocando solamente en "cosas". Seguramente debes enfocarte en tener menos cosas, pero al mismo tiempo, debes hacer espacio para más. Significa más pasión, más tiempo, más crecimiento, más experiencias, más satisfacción, más libertad y más contribución a la sociedad, así como a tu propia vida. Cuando eliminas el desorden de tu camino de vida, te ayuda a hacer más espacio.

El minimalismo es un concepto que te ayuda a pensar más allá de las cosas para que tengas espacio en tu mente para pensar en cosas más importantes en la vida, que en realidad no son las cosas que puedes tocar.

Hay muchas personas a nuestro alrededor que logran todo lo que desean: autos de lujo, trabajos de seis figuras, grandes mansiones y muchas otras cosas pequeñas que pueden llenar todos y cada uno de los rincones de esa mansión y su estilo de vida. Aún así, nada nos hace felices, incluso si tenemos todo. Podemos trabajar más de 60 horas a la semana para comprar cosas que nunca necesitamos. Estas cosas nunca pueden llenar el vacío que la mayoría de nosotros sentimos aún con todos los lujos que nos rodean. Solo puede traer más estrés, ansiedad, deuda, soledad, miedo, agobio, culpa y depresión.

Una cosa más sobre la que perdemos el control es el tiempo y, por lo tanto, nuestras vidas. Es entonces cuando el minimalismo entra en escena con más y más importancia.

¿Qué tiene que ver la felicidad con el minimalismo?

La felicidad es un concepto vasto. Debes haber pensado en leer sobre el minimalismo porque quieres ser más feliz en la vida. Pero oye, no tienes lo que siempre pensaste que querías tener; ¿Cosas que pensaste que te harían feliz? ¿O al menos aparentemente feliz? Pero, la felicidad aparente no da satisfacción.

Poseer muchas cosas no da mucha satisfacción a ciencia cierta. Pero, poseer muchas menos cosas sí lo hace. Antes de que el término "minimalismo" apareciera en escena, había un antiguo dicho llamado: vida simple, pensamiento elevado. El minimalismo podría haberse originado de este dicho mismo. Pero, lo más importante es el concepto, más que su historia. Hay personas en esta tierra, a nuestro alrededor, que no poseen todas las cosas elegantes en el mercado, pero son definitivamente más apasionadas, felices y libres.

El minimalismo no es un hábito; Es un estilo de vida. Necesitas enfocarte en el significado más profundo de la vida que solo vivir en la superficie superficial de la misma. Necesitas crecer como ser humano y contribuir a que la sociedad piense más allá de ti mismo. Estas dos cosas: la contribución y el crecimiento son la base del deleite, no de las cosas.

La buena y vieja verdad que puede sonar aburrida para muchas personas es que si no ayudas a otros a crecer en la vida, simplemente te conviertes en un esclavo de las expectativas culturales y te enredas en las trampas del poder, el dinero, el éxito percibido y el estatus.

Darte cuenta de lo que no necesitas

Lo creas o no, hay un 90% de cosas que tienes, pero no las necesitas. Estas cosas te deprimen en la vida, te mantienen alejado de la felicidad, la realización y la libertad que siempre deseas. Tienes que dejar ir estas cosas. Cuando arrojas por la borda cosas que están a tu alrededor innecesariamente, te sientes más ligero. Cuando se elimina el desorden externo, también lo es el desorden interno: el desorden mental, el desorden emocional, el estrés, la ansiedad.

Hay una cosa más que representa una amenaza para nuestra felicidad: el consumo compulsorio. No significa que el consumo sea un problema, pero el consumo compulsorio sí lo es. No tienes que convertirte en un santo y desechar todo en la casa. Necesitas entender esto. Puede que habitualmente estés comiendo, comprando, poseyendo, vistiendo, guardando, usando, gastando en cosas que realmente no necesitas. Necesitas aprovechar al máximo las cosas que son tus necesidades. Compra lo siguiente solo cuando sientas que la necesidad de hacerlo está aumentando y es indispensable comprarlo ahora. Esto te ayudará a tener más tranquilidad y podrás centrarte más en tus relaciones, salud, crecimiento y contribución.

Capítulo 2

Por qué deberías vivir en minimalismo

Las razones y los beneficios de ser minimalista no son suficientes para ser mencionadas aquí. El primer y más importante beneficio de este nuevo estilo de vida es que cuando las personas saben que usted es un minimalista, nunca esperarán que posea los dispositivos más recientes, una casa más grande y el automóvil más caro que pueda pagar. Por lo tanto, no tiene que estar bajo la presión de sus compañeros para mantenerse actualizado con las cosas más nuevas. Comencemos con los beneficios de ser un minimalista con diferentes aspectos.

Beneficios financieros

A pesar de dar paz mental y una vida libre de desorden, muchos de ustedes pueden preocuparse por el aspecto financiero de su vida y la de su familia. Pero, el minimalismo también garantiza la seguridad financiera para ti.

1. Cuando desarrollas el hábito de tener menos cosas innecesarias, obviamente ahorras más dinero. No te envuelves en gastos impulsivos y compras cosas que realmente necesita. Por supuesto, dejas que tu dinero permanezca en tu bolsillo.
2. También puedes comprar cosas en las mejores ofertas y obtener descuentos siempre que puedas.
3. Intenta hacer todo lo posible por ti mismo. Esto te ayudará a no ser dependiente de nadie y también a ahorrar dinero.
4. Pesa tus elecciones de necesidades y deseos. ¿Quieres una casa más grande o la necesitas? ¡Tendrás más ahorros si no la necesitas!
5. No tienes que acumular tus ahorros. Puedes reinvertirlos en algo más

importante para tu familia.

Beneficios psicológicos

No tienes que renunciar a todas tus posesiones y vivir la vida con una maleta. Definitivamente puedes tener un auto, tener una buena casa, usar aparatos electrónicos y tener más de una ropa en tu armario. Todavía puedes disfrutar de los beneficios psicológicos del minimalismo.

1. Solo enfocarse en ganar más dinero nunca ha dado felicidad a nadie. Más experiencias de la vida y vivir la vida al máximo sin duda alguna sí lo han hecho.

2. Podrías acostumbrarte a tus nuevas posesiones que siempre quisiste tener. Obtén más experiencias de vida como ir a conciertos, viajar en tu propia ciudad, salir con tu familia, etc. Has cosas que nunca hayas hecho antes, incluso si las encuentra tontas.

3. Ganas más autoestima si tienes menos posesiones. Correr detrás de cosas materialistas es solo una forma de vivir para personas con baja autoestima.

4. La baja autoestima hace que las personas tengan más estrés. Y tratan de lidiar con el estrés comprando cosas innecesarias. Mayor autoestima es igual a menor estrés.

Beneficios de la salud

El minimalismo te da tiempo para muchas cosas que siempre evitaste con la excusa de no tener tiempo. La mala gestión del tiempo también es una razón para no estar sano.

1. Puedes dedicar tiempo al yoga y al ejercicio cuando no pasas tiempo en Facebook y chateas hasta tarde por la noche.
2. Cuando ahorras dinero con el minimalismo, puedes gastarlo en la compra de alimentos saludables y vegetales orgánicos.
3. Un menor estrés mental y una mayor autoestima te mantienen en mejor salud.

Capítulo 3

¿Cómo puedes adoptar el minimalismo?

Es tentador convertirse en un minimalista dados los beneficios financieros, psicológicos y de salud del concepto. Pero necesitas una gran determinación y una buena planificación para convertirte en un minimalista absoluto. Puede adoptar los puntos de referencia que se dan a continuación de un día a la vez si piensa que es demasiado para hacer todo a la vez, lo que tampoco es posible. No tardarás más de 30 días en llegar a una etapa en la que volverás a amar tu vida.

Tomar la decisión
Tomar una decisión es la primera cosa difícil para una nueva vida. Aquí es donde la mayoría de nosotros fracasamos, para tomar una decisión firme y decidida. Puedes posponer tu decisión de cambio, incluso puede ser solo por unos momentos. Tienes que decidir que quieres minimalismo en tu vida y hacerlo realidad. Siempre sabemos que debemos cambiar,

pero no podemos cambiar porque nunca nos decimos a nosotros mismos que debemos cambiar. Somos conscientes intelectualmente de que deberíamos cambiar, pero no estamos preparados emocionalmente para hacerlo.

Cuando te dices a ti mismo que no debes gastar más, debes comer sano, debes hacer ejercicio, debes ser puntual; puedes decirte a ti mismo todo esto con un deber en lugar de tener. Escribe todas las cosas que deseas cambiar en un papel y dite a ti mismo que tienes que hacerlo. No tienes que gastar más, tienes que comer sano, tienes que hacer ejercicio y tienes que ser puntual. También tienes que recordarte el dolor que estás experimentando en las circunstancias actuales y el placer que obtendrías una vez que se cambie el deber con un "tienes que".

Tus nervios y tu cerebro deben obtener las vibraciones de tu decisión. Sólo entonces puedes estar seguro de tu determinación. Entonces, el primer paso para tomar una decisión es hacer una lista de los cambios que debes tener en tu estilo de vida. Dilos en voz alta y te sentirás más poderoso con solo un cambio de una palabra, tener en lugar de debería.

Puede que sientas que esto es tan simple, pero no lo es. Se necesita mucha fuerza emocional para tomar esta resolución simple.

Coloque esta lista de sus TENER en un lugar que pueda ver todos los días. Esto fortalecerá tu decisión.

Planificación

Después de tomar la decisión, debes sentirte más poderoso. Tuviste todo el día pensando en la nueva vida que vas a tener. Puedes incluir algunas cosas en tu planificación: comer alimentos saludables, hacer ejercicio a diario, amar a tus amigos y familiares, contribuir de manera significativa a la vida de los demás, crecer como persona, escribir algo todos los días, leer algo, escuchar música durante 30 minutos, ser apasionado Pequeñas tareas de la vida, sé agradecido, disfruta tu vida y vive el presente.

Debes estar pensando ¿qué tienen las últimas cosas en relación con el minimalismo? Bueno, el bienestar emocional es un elemento importante del minimalismo. Y estas cosas tienen como objetivo despejar su equipaje emocional.

De nuevo, toma un bolígrafo y un papel y hazte estas preguntas:

¿Puedo eliminar estas cosas?
Mira cada cosa de tu casa y pregúntate si puedes eliminarla de tu vida. Tu mundo no llegará a su fin si eliminas la mayoría de las cosas.

¿Es posible automatizarlo?
Es posible automatizar muchas cosas en la rutina que haces manualmente. Puedes configurar recordatorios para algunas tareas en tu teléfono para las que haya pegado notas adhesivas en toda tu cocina. Busca muchas otras cosas que se puedan configurar en el modo de piloto automático.

¿Es posible delegarlo?

Es absolutamente un dolor de cabeza hacer todas las tareas usted mismo. Puedes delegar varias tareas a tu asistente, compañero de vida, hijos, amigos, vecinos o cualquier persona que sea capaz de realizar la tarea. Es posible que no obtengas los resultados perfectos, pero al menos el resultado sería lo suficientemente satisfactorio para brindarte paz mental. ¿No vale la pena el esfuerzo? Confía en la gente y delega deberes.

¿Puedo cultivarlo?

¿Es posible pagarle a alguien por las tareas que realiza usted mismo?

Si puedes pagarlo, paga a alguien por las tareas del hogar, la lavandería y cualquier otra cosa que te mantenga frustrado, pero no obtienes ningún resultado productivo de eso. No incluye cocinar en la lista. Debes cocinar para asegurar una mayor salud y satisfacción mental.

Respóndete a ti mismo

Escriba las respuestas en un papel para estas preguntas:

¿Qué me impide lograr lo que quiero?

¿Por qué mis posesiones son tan importantes para mí?
¿Qué es más importante que estas cosas en mi vida?
¿Por qué no estoy satisfecho con mi vida?
¿Quién quiero ser como persona?
¿Cuál es la definición de éxito para mí?
¿Cómo será mi vida si poseo menos cosas?

<u>Empacar cosas</u>
Este es el tiempo que necesitas para tomar una gran acción inmediata. Debes empacar tus cosas como si estuvieras mudándote a una nueva casa y te han dado un día para terminar de empacar tus cosas. De lo contrario, tendrá que dejar sus cosas desempaquetadas en este lugar.

Puede parecerle una tarea gigantesca, pero hagámoslo divertido. Toma una botella de vino y reproduce música en tu teléfono (tienes que empacar tu sistema de música, ¿recuerdas?) Y ponte manos a la obra. También puedes invitar a un par de amigos para que te echen una mano. Empaca todo en la casa en varios cartones y márquelos como corresponda. No debes empacar todo al azar; Debes saber dónde lo has guardado todo. Las cosas que no se pueden empacar, como los muebles, las debes cubrir con sábanas, de modo que no se puedan usar.

Guarda las cosas que vas a necesitar en los próximos días en una bolsa separada (hasta que desempaquetes las cosas que necesitas). Tales cosas pueden incluir jabón, cepillo de dientes, pasta de dientes, algo de ropa, algo de comida, etc. Mantén las cajas en una habitación y mantén otra habitación para vivir.

Después de unos días, notarás que la mayoría de tus cosas aún están empaquetadas en las cajas. Siéntate después de unos días y decide qué puede hacer con estas cosas: dónalas, descártalos, véndalas, lo que te parezca lógico, puedes hacerlo con tus cosas.

Saca las cosas necesarias

Tu casa vacía puede parecerte extraña, pero vive con las cajas llenas a tu alrededor durante al menos un día. A la mañana siguiente, te sentirás un poco raro pero un poco cómodo al mismo tiempo en tu casa. También puede parecerte más limpio, fresco y más organizado.

Respira hondo y desempaqueta las cosas que necesitas en la mañana para refrescarte. Saca las utilidades de la cocina, la sábana, la ropa, un basurero, etc. También necesitarás algunas cosas para prepararte para el trabajo, desempaca.

Debes haber recogido un montón de residuos al empacar las cajas. Deshazte de él inmediatamente.

Ahora has sacado solo algunos utensilios y otras necesidades de tus cajas. Tu lavaplatos está todavía bajo las tapas. Recuerda lavar tus utensilios manualmente cada vez que los uses.

Cosas que necesitas
A estas alturas, debes haberte dado cuenta de que has gastado una fortuna en comprar cosas que todavía están empaquetadas en cajas y ni siquiera has pensado en usarlas. El dinero extra que habías gastado te costó tiempo extra. Implica que podrías haber usado ese

tiempo con tus amigos o familiares. Nuevamente, pasaste más tiempo cuidando esas cosas. Podrías haber ahorrado en ese tiempo también.

Hay muchas cosas en nuestra casa que son el resultado de una compra impulsiva, incluso de productos electrónicos caros. Tales cosas nunca se usan una vez que perdemos interés en ellas.

No significa que debes dejar de comprarte cosas y comenzar a vivir la vida de la Edad de Piedra. Solo necesitas realinear tus prioridades. Ahora, vuelve a esas cajas y desempaqueta algunos de los aparatos y la ropa esenciales que necesitas.

¿Tienes miedo de algo?

No es nada de qué avergonzarse. Todos nosotros tenemos miedo de algo. Algunos temores son naturales, como el miedo a la altura, los insectos, lastimarse, etc. Pero también existe el temor de perder cosas, amigos o respeto que es el resultado de nuestro estilo de vida dirigido por el consumismo.

Puede que tengas miedo de perder lo que

crees que tienes. Esta es una trampa que no te permite sentirte satisfecho, mantenerte feliz o llevar una vida libre.

Pregúntate si tienes miedo de perder un jersey nuevo del mes pasado. La respuesta podría ser sí. Y ahí es donde estás atrapado. Es posible que tengas miedo de aprender un nuevo idioma o un instrumento musical. Tienes que salir de estos miedos.

Haz todo lo que tienes dudas de hacer. Escribe lo que siempre quisiste, toca la guitarra, haz yoga y haz todo lo que siempre ansiabas hacer. Ahora que no tienes distracciones en toda tu casa, mágicamente descubrirás que tienes más tiempo para trabajar en tus pasatiempos.

Relaciones

A veces, puedes sentirte perdido en tu nueva decisión. En esos momentos, es importante tener algunos amigos o familiares que te apoyen y no te dejen desviar de tu camino. Es posible que estas personas no estén cerca de ti todo el tiempo, pero puedes hacer que te hablen cuando te sientas mal. Esto puede incluir personas que no necesariamente comparten tu punto de vista pero que no te desanimen al menos.

Creencia

Desde nuestra infancia hasta la edad adulta, estamos obligados a creer que debemos poseer títulos universitarios, un automóvil, una casa, mucha ropa de diseñador, altos ingresos y, en última instancia, vivir el Sueño Americano para tener éxito. Esta es la definición de éxito en nuestra sociedad. Pero, nunca se nos dice que renunciemos a nada que no te haga feliz. Depende de ti decidir si deseas ser feliz por ti mismo o simplemente deseas estar a la altura de las expectativas de la sociedad.

Crecimiento

Puede sonar platónico, pero es cierto que si dejas de crecer como ser humano, comienzas a morir. Es cierto en todos los sentidos: físico, mental, espiritual, emocional y financiero. Piensa en una pera, por ejemplo. Cuando la ves en la tienda de alimentos, crees que está madura. Pero, en realidad se está muriendo. Si no la consumes en los próximos días, morirá. Creció cuando se unió a su fuente de crecimiento: el árbol.

La misma lógica se aplica a ti: estás vivo hasta el momento en que te permites crecer. Una vez que dejas de aprender y crecer, estás en el camino de perecer. Haz las cosas que siempre quisiste hacer: aprender piano, dejar de fumar, escribir blogs, comer sano o cualquier otra cosa. Haz lo que creas que debes hacer para mejorar tu vida. Esto se llama un ser humano en crecimiento.

Todo

Después de una semana o diez días, te darás cuenta de que haz desempacado muchas cosas que realmente necesitaba. Y la mayoría de las cosas todavía están empaquetadas en las cajas. A veces, simplemente pensamos que necesitamos ropa nueva, algunos aparatos eléctricos nuevos, algunos aparatos nuevos, etc. En realidad, somos mucho más libres, independientes y activos si no compramos más cosas. Estabas lavando platos por tu cuenta cuando no tenías un lavavajillas. Te mantuvo activo y saludable. Pero, una vez que compraste el aparato, te volviste más perezoso. Empieza a independizarte al no depender de las cosas. Depende solo de ti mismo y te darás cuenta del verdadero valor del minimalismo.

Basura, Donar y Vender
Encontrará muchas cosas entre las cosas que no utiliza y que acabas de comprar para satisfacer tus necesidades menores o de lujo, que simplemente no necesitas ahora. Puedes dividir estas cosas en tres secciones: desechar, donar y vender.

Las cosas que todavía piensas que podrían usarse en el futuro deben conservarse. Aún puedes guardarlas en cajas y sacarlas más tarde cuando sientas la necesidad real.

Donar
Cuando decidas donar, descubre algunas

organizaciones e iglesias, que puedan entregar tus cosas a los necesitados. Las personas que tomen tus cosas estarán más que felices y tú serás más feliz de dar. Es una alegría absoluta ver una sonrisa en la cara de las personas cuando las haces felices.

Vender
El último paso después de destrozar y donar es vender. Puedes enumerar artículos caros como muebles, joyas, electrónica, etc. en línea y ganar dinero. Puedes utilizar este dinero para agregar más valor a tu vida financiera. Paga tus deudas, dónalo a los necesitados o vuelve a invertir para la seguridad futura.

Digitalizar
Te sorprenderás de cuántas cosas se pueden eliminar de tu desorden con solo digitalizar. La música y las películas de los DVD se pueden transferir a la computadora y las fotos y documentos que permanecen intactos desde hace mucho tiempo se pueden escanear. Mira a tu

alrededor y toma la ayuda de tu computadora para hacer tu vida más fácil. Parece simple, pero no lo es. Si fuera tan fácil, lo habrías hecho mucho tiempo atrás. Puede llevarte todo un día tuyo y te sorprenderás de haber soportado esas cosas durante tantos años.

Reducir la dependencia en los aparatos electrónicos

Todos nosotros tenemos muchos aparatos eléctricos en nuestra casa que consumen la mayor parte de nuestro tiempo. Para algunas personas, el tiempo que se dedica a tales cosas es de hasta un 50%. Solo el 50% restante se dedica a las actividades productivas. Eso es absolutamente injusto para su salud mental y física. Para simplificar más tu vida, solo tienes que hacer una cosa: sacar estos aparatos de tu vida. Si crees que es demasiado para ti, restringe el tiempo que dedicas a estos aparatos. El exceso de todo es malo. Está bien actualizarse con películas, noticias y algunos programas de televisión, pero si pasas más de la mitad de tu día frente a esa caja de idiotas, podrías terminar convirtiéndote en un idiota. Lo mismo ocurre con las aplicaciones de tu teléfono inteligente. Si dependes de tu teléfono para literalmente todo, estás atrapado.

Puedes dedicarte a algunas otras actividades productivas, que querías hacer para que no te quedes más tiempo para la televisión, la computadora portátil o el teléfono. Por ejemplo, si te ocupas de una novela interesante, ni siquiera tendrás ganas de encender la televisión o de conversar con personas que, de lo contrario, no tienen ningún valor en tu vida. Reduce tu dependencia en los aparatos electrónicos y cualquier cosa que no sea productiva.

Vivir la vida libre de automóvil

Si vives en una ciudad donde el transporte público está bien organizado, puedes deshacerte de tu auto y, por lo tanto, de tus cuotas mensuales. Esto a su vez reducirá el estrés de ganar más dinero para pagar las cuotas. Si tiene que mantener un automóvil, puede guardarlo solo para viajes largos.

Además, saca todas las cosas de tu automóvil, que habías guardado solo para el tipo de situación "por si acaso".

Tu casa

Si las cuotas mensuales de tu casa te causan demasiado estrés, prepárate para venderla. Puedes comprar una casa más pequeña si puedes acomodar todas tus pertenencias actuales en ella. Seguramente no tendrías muchas cosas para vivir después de que vayas minimalista.

La idea aquí es estar preparado para vender tu casa cualquier día en caso de que caigas en bancarrota. Si es cierto. Si está preparado mentalmente de antemano, separarte de tus posesiones se vuelve fácil, incluso si es algo tan grande como una casa.

Trabajo

¿Trabajas para ganarte la vida? Si la

respuesta es sí, entonces hay malas noticias para ti. Necesitas cambiar tu trabajo. Puede parecer difícil tomar esta decisión dada la comodidad y el estilo de vida que tu trabajo te ha brindado. Pero, una vez que pienses en la congruencia de tu trabajo con tu objetivo en la vida, definitivamente pensarás en cambiar tu trabajo lo antes posible.

Hora

A estas alturas, ya has resuelto la mayoría de las áreas de tu vida. Te quedarás con mucho más tiempo del que nunca tuviste. Sin embargo, esta vez puedes hacerte grande, esto no significa "famoso". Tú y todos en este mundo tienen 24 horas en un día. Puedes utilizar este tiempo para administrarte mejor. Organiza tu tiempo para conocer a otras personas, ayudar a los necesitados, establecer nuevas relaciones, estar agradecido por lo que tienes, estar saludable y crear más valor para tu vida.

Capítulo 4

La Dieta Minimalista

Comer en un estilo minimalista no significa que tengas que seguir un plan de dieta estricto. No tienes que contar tus calorías, comer algo saludable que no tenga buen sabor, alcanzar un IMC ideal o estar delgado. Nada de esto es el objetivo de ser un minimalista. Comer de manera minimalista consiste en disfrutar de tus alimentos saludables, tener un peso saludable, ganar más energía, mantener un cuerpo sano y sentirte más vivo que nunca.

Cuando vayas realmente minimalista con tu comida, puedes perder peso automáticamente. Primero, averigüemos los conceptos erróneos relacionados con la alimentación minimalista.

No tienes que comer una dieta blanda

Comida sana no significa comida blanda. Puede agregar hierbas aromáticas, especias y condimentos a las sabrosas verduras y frutas para tener algunas de las mejores comidas. Comer carne con lechuga y jugos y vinos es una absoluta delicia. Sólo tienes que saber qué es sabroso y saludable.

No tienes que contar tus calorías

Estar saludable no significa que sigas contando calorías antes de preparar cualquier comida. Te volverás loco por comer sano y, eventualmente, también podrías dejarlo. Podrías pensar que no es saludable porque comes demasiado. Eso no es verdad. Tienes que comer la cantidad correcta de alimentos saludables y reducir la cantidad de alimentos poco saludables.

Simultáneamente, puedes comenzar a hacer ejercicio sin comprometer tu dieta. Si comes menos mientras haces ejercicio, tu cuerpo se debilitará debido a la falta de energía. Por lo tanto, come lo que quieras, debes ser saludable y hacer ejercicio moderadamente.

No tienes que seguir las pautas

Quizás estás leyendo muchas pautas sobre

alimentos saludables. Un folleto de alimentación saludable contradice al otro. Te deja confundido si debes comer esto o aquello. En realidad, comer todo con moderación está bien a menos que no esté en un plan de dieta específico. Pero, debes evitar los alimentos procesados a toda costa.

No tienes que eliminar el trigo de tu dieta

La dieta estadounidense no incluye mucho trigo a menos que no te des el gusto de comer hamburguesas y pizzas todos los días. Por lo tanto, no tienes que perder el sueño por el hecho de que estás comiendo mucho trigo. Puedes comerlo con moderación y puedes estar perfectamente sano.

Hay personas de algunas culturas, como los indios e italianos, que comen trigo todos los días de una forma u otra. Pero, son absolutamente saludables. Es solo una cuestión de adaptar tu cuerpo a un tipo de comida. Evita el trigo hasta cierto punto, pero por supuesto puedes comerlo a veces.

No tienes que tener miedo de la grasa animal

Los seres humanos han estado comiendo grasa animal desde hace cientos de años. Y, de repente, los dietistas del siglo XX nos dicen que los eliminemos de nuestra dieta solo porque no es saludable. Las grasas procesadas no saludables se han comercializado hasta tal punto que en realidad empezamos a creer que la grasa animal no es buena para la salud. De hecho, estas grasas alteradas son algo a lo que nuestro cuerpo no puede adaptarse repentinamente.

Puedes consumir grasa de animales alimentados con pastura sin inmutarte. No causan ningún daño a tu cuerpo.

No tienes que renunciar a tu zona de confort de los alimentos.

Un buen día, te levantas y te comprometes a no comer nada de basura desde ese día y lo harás durante las próximas semanas. Tal decisión de eliminar completamente todo lo que no sea saludable de tu dieta disuadirá tu decisión algún día. En lugar de hacer esto, puedes decidir que reducirás tu consumo de comida chatarra. Si sales a comer cinco días a la semana, puedes reducirlo a dos días a la semana. Esto mantendrá tu salud y te permitirá mantener un equilibrio con tu vida social.

¿Qué es comer minimalista?

Evita los alimentos que no te hagan sentir bien.

Nuestro cuerpo es capaz de enviarle señales si algo no te conviene. Por ejemplo, algunas personas se sienten altamente desintoxicadas con el jugo de la guardia amarga. Pero, el mismo jugo puede alterar el estómago de otra persona. Del mismo modo, hay personas que aman los huevos y las carnes. Pero, otros pueden no gustarles en absoluto. Se dice con razón que la carne de un hombre es el veneno de otro hombre. Si no te sientes bien después de comer algo supuestamente saludable, tu cuerpo podría ser alérgico a él. Deberías dejar de comerlo.

Además, hay algunos alimentos que encontramos muy sabrosos, pero que no son buenos para nuestra salud a largo plazo. Tales alimentos incluyen alimentos altamente procesados, alimentos falsificados, alimentos industriales, alimentos que contienen químicos y alimentos refinados.

Puedes dejar de comerlos o al menos reducir la frecuencia de comerlos.

Come alimentos saludables y que tu cuerpo está adaptado para digerirlos.

Desde la Edad Paleolítica, nuestro cuerpo se adaptó para digerir productos vegetales y animales. Hace solo unos pocos miles de años comenzamos a comer granos y legumbres. Y, hace solo un siglo, comenzamos a comer alimentos procesados. Por lo tanto, es mejor que comas productos vegetales y productos de origen animal, menos granos y menos alimentos procesados.

Escucha tu cuerpo

Todo el mundo en la tierra tiene un cuerpo diferente. Lo que puedes digerir puede no ser un alimento ideal para tus parientes. Con el tiempo, puedes juzgar fácilmente lo que más te convenga. Evita comer cualquier cosa que te haga sentir enfermo, mareado o inquieto.

<u>Planificar con anticipación</u>

La planificación por adelantado puede recorrer un largo camino para tu salud. Cuando te sientes hambriento en el cargo por la noche y no tienes nada saludable que comer contigo, terminas comiendo algo de comida rápida. Esto es lo que debes evitar. Puedes más bien planear tus bocadillos además de tus comidas.

Lleva una pequeña ensalada de Tiffin o una caja de nueces para trabajar. Cuando haces cambios tan pequeños en tu vida, estás contribuyendo mucho a tu salud. En pocos días, comenzarás a sentirte más enérgico y fresco. Esto también contribuye mucho a tu piel y cuerpo. Tu cuerpo adquiere buena salud y forma con una alimentación minimalista.

Cocina tus alimentos con los métodos correctos.

Hay un método correcto para cocinar todo. Y si no sigues esos métodos, terminas sacrificando sus nutrientes. Por ejemplo, cocinar brócoli durante más de 10 minutos en agua mata sus enzimas y destruye sus vitaminas y antioxidantes. El omega 3 del salmón se altera si está completamente cocido. Es saludable comer huevo escalfado, pero al freírlo se depositan calorías oxidadas en las arterias.

Por lo tanto, es absolutamente crucial conocer el método apropiado para cocinar los alimentos para que no destruyamos los nutrientes de nuestros alimentos.

Compartir su experiencia con otros

¿Recuerdas, hablamos de crecimiento y aporte? Comparte tus experiencias con tus amigos y familiares sobre los cambios que ha producido en tu vida, ya sea con respecto a la comida, la salud, las cosas, el tiempo o cualquier otra cosa. Si has notado algo positivo en tu vida con este nuevo estilo de vida, asegúrate de compartirlo con los demás y aliéntalos.

Conclusión

Debes haber encontrado una nueva forma de vivir después de leer Minimalismo: 7 días hasta el minimalismo. El libro tiene como objetivo aumentar tu confianza para una vida minimalista. Vivir sin artilugios de lujo y automóviles caros te da más tranquilidad.

Con todas las ventajas del minimalismo, también hay algunas desventajas. Debes estar al tanto de estos inconvenientes, ya que tus amigos y colegas se han burlado de ellos. Cuando eliminas el desorden de tu casa, automóvil y oficina; Tienes un montón de tiempo a tu disposición.

Otra cosa que dificulta la mentalidad de las personas es que se obsesionan con contar las cosas a su alrededor. No tienes que convertirte en un maníaco sobre el minimalismo. Solo vive cómodamente con lo que tienes.

También es posible que te sientas solo por algún tiempo, ya que tus amigos pueden encontrarte raro hasta el momento en que entiendan tus nuevas formas. Tienes que ser mentalmente muy fuerte para que comprendan tu nueva forma de vida. Eventualmente, lo entenderán. Si no lo hacen, no son tus verdaderos amigos. Es mejor seguir adelante y hacer nuevos amigos. Muchas personas también terminan haciendo muchos amigos virtuales. No es malo, pero, por supuesto, no es bueno si empiezas a depender de ellos por completo y estás completamente aislado de las personas reales que te rodean.

La última desventaja de ser un minimalista es que algunas personas se vuelven arrogantes por el hecho de que pueden vivir con medios mínimos. ¿Recuerdas, hablamos de auto crecimiento, crecimiento mutuo y contribución a la sociedad? Esta es la esencia del minimalismo. No puedes ser arrogante solo porque aprendiste algo nuevo.
De hecho, debes enseñar a los demás tus nuevas formas de vida para que puedan

inspirarse en ti. Recuerda la sonrisa en las caras de las personas cuando les donaste tus cosas. Nunca puedes tener esa satisfacción si te mantienes arrogante. En su lugar, ser humilde y difundir el amor. Tu vida se convertirá en una inspiración para cientos de personas a tu alrededor.

¡Buena suerte para tu nueva vida!

www.ingramcontent.com/pod-product-compliance
Lightning Source LLC
Chambersburg PA
CBHW071858070526
44583CB00016B/1749